Wilma Ellersiek

Juegos de Gestos de Mano

**Para el jardín de infancia y
la primera edad escolar**

Traducido y editado por Michael Kranawetvogl

Editorial El Liceo

Los títulos originales de las ediciones de los libros de los juegos de Wilma Ellersiek, editados en la editorial *Verlag Freies Geistesleben & Urachhaus GmbH*, Stuttgart, son:

- Wilma Ellersiek, Wiegen- und Ruhelieder in der Quintenstimmung, primera edición 2001

- Wilma Ellersiek, Berührungs- und Handgestenspiele primera edición 2001

- Wilma Ellersiek, Handgestenspiele, Reigen und Lieder, Frühjahr/Sommer, primera edición 2002

- Wilma Ellersiek, Handgestenspiele, Reigen und Lieder, Herbst/Winter primera edición 2002

- Wilma Ellersiek, Die tanzende, spielende Hand Primera edición 2004

- Wilma Ellersiek, Wer schleicht heran mit leiser Tatz? Primera edición 2005

© Verlag Freies Geistesleben & Urachhaus GmbH, Stuttgart

El material para esta edición en castellano ha sido seleccionado, traducido y editado por Michael Kranawetvogl.

Notaciones musicales: Ingrid Weidenfeld

Publicado por El Liceo, editorial de la Fundación Pedagógica Waldorf, Lugo, España, en cooperación con Waldorf Early Childhood Association of North America: 285 Hungry Hollow Rd, Spring Valley, NY 10977 USA / www.waldorfearlychildhood.org

Esta publicación se ha hecho posible gracias al aporte del Waldorf Curriculum Fund.

ISBN 978-1-936849-07-9

Índice

Nota del Editor

Con esta edición inauguramos las publicaciones de la Editorial *El Liceo*, que es la editorial de la *Fundación Pedagógica Waldorf* de Lugo, cuyo objetivo es la difusión de material informativo y didáctico para escuelas Waldorf. Este material también está pensado para padres y todas las personas que participan en la educación y formación de los niños y adolescentes.

Nota del Traductor

El proyecto de publicar esta primera edición de los juegos de gestos de Wilma Ellersiek en idioma castellano, comenzó hace más de cinco años. Cuando conocí los juegos de Wilma Ellersiek, fue creciendo en mí el deseo de hacerlos accesibles al público de habla hispana, y me puse a traducir algunos de ellos del alemán al castellano. En esta época también surgieron grupos de juego relacionados con la pedagogía Waldorf en Galicia que buscaban material pedagógico propio para el jardín de infancia y mostraron su interés en un taller para aprender a realizar estos juegos.

Contacté con Ingrid Weidenfeld, ex-alumna de Wilma Ellersiek y profesora de juegos rítmico-musicales para niños de edad preescolar en la Academia de Música y Arte Teatral de Stuttgart. En aquel entonces, Ingrid ya llevaba 24 años impartiendo cursos para enseñar estos juegos a maestras y maestros de jardines de infancia Waldorf en Alemania y Corea del Sur.

Al principio intentamos establecer unas reglas elementales para la fiel traducción de los juegos, siguiendo los mismos criterios que usó su autora. Es decir que, además de las palabras, hubo que "traducir" también los gestos y movimientos que se realizan en los juegos. Tras dos años de preparación del material de juegos, pude invitar a Ingrid Weidenfeld a impartir el primer curso en España de juegos de manos de Wilma Ellersiek, que se celebró en Lugo en septiembre de 2006 con maestros y padres de la *Asociación Escola Libre Lucense* y educadoras de otros jardines de infancia Waldorf de España.

Para mí fue emocionante vivenciar tanto el entusiasmo que puso Ingrid en el proyecto de enseñar y promover los juegos, como el interés y la motivación de las maestras de aprender y practicar los juegos en las aulas de los jardines de infancia. Desde el primer momento Ingrid se puso incondicional y desinteresadamente al servicio de las necesidades de las maestras de educación infantil, superando incluso la barrera del idioma y aprendiendo los juegos en castellano.

Cuando los primeros juegos comenzaban a practicarse en los jardines de infancia de varias iniciativas Waldorf de España, tuve la suerte de conocer a Kundry Willwerth, ex maestra Waldorf de Wisconsin, Estados Unidos, que había traducido gran parte de los juegos del alemán al inglés. Poco después, Kundry empezó a integrar los juegos traducidos al castellano en los cursos que entonces impartía para educadoras hispanohablantes de los jardines de infancia Waldorf estadounidenses.

Con el tiempo se han ido uniendo más personas al proyecto de publicación de las creaciones de Wilma Ellersiek en castellano, y se intensificó el trabajo de buscar la mejor calidad posible de las traducciones-adaptaciones, atendiendo sobre todo a los criterios de sonido y ritmo, a la armonía entre el movimiento y la palabra y a la practicabilidad en un idioma diferente.

En nombre de todas las personas que han participado en este proyecto, deseamos que el resultado de este trabajo sea útil para las familias y muchas maestras de jardín de infancia, y una alegría para muchos niños y niñas.

Agradecimientos

Como editor de este libro, quiero expresar mis agradecimientos a todas las personas que han colaborado en este proyecto, tanto desde la propia creatividad artística natural como desde la profesionalidad en el ámbito del arte de la palabra, del movimiento y del ritmo. A saber:

Ingrid Weidenfeld, por su disponibilidad y entusiasta colaboración en el proyecto de introducir los juegos de Wilma Ellersiek en España, y por la revisión minuciosa de los juegos traducidos.

La Editorial *Freies Geistesleben & Urachhaus* por la cesión de los derechos de explotación para los juegos publicados en este tomo.

Gloria López García por su sana crítica y apoyo en la traducción de los juegos y por la lectura cuidadosa de los textos introductorios e instruccionales.

Tamara Chubarovsky, por sus importantes propuestas al revisar la traducción de estos juegos desde el punto de vista del arte de la palabra.

Inés Gámez por su compromiso con el proyecto, por animarme a realizar la publicación de este libro, por sus consejos útiles en torno a las canciones aquí publicadas y por la traducción de dos de las canciones (*La Buena Guarda* y *Danza del Dideldá*).

Kundry Willwerth por animarme a traducir más juegos al castellano y por los consejos que pudo darme como maestra de jardín de infancia Waldorf, traductora de los juegos al inglés y persona que enseña los juegos a las maestras jardineras Waldorf hispanohablantes.

La *Waldorf Early Childhood Association of North America*, que hizo posible un encuentro con Kundry Willwerth y un grupo de personas con el que trabajamos en equipo para adaptar los juegos a las culturas hispanas.

El traductor **Félix Martín Vega Gliemmo** por su trabajo profesional y sólido como editor y corrector de los textos traducidos para este libro.

Javier Estefanía, Antonia Barros y **Antonio Malagón** por su acompañamiento y cooperación activa desde el principio de este proyecto.

Todas las demás personas a las que no he podido agradecer nominalmente aquí y que de alguna forma han contribuido en la edición de este libro.

Introducción a los Juegos de Mano de Wilma Ellersiek

Los juegos de palabra y movimiento rítmico-musicales, como los llama su autora, Wilma Ellersiek, están pensados para niños de cero a siete años. Hay que familiarizarse con estos juegos para poder percibir su verdadero valor para los niños, y quien se dedique de forma intensiva a la forma y el contenido de estas creaciones de Wilma Ellersiek, hallará que en ellas viven la veracidad y grandeza de la naturaleza, la música en su sentido más amplio, y el arte de hablarle al niño en un lenguaje que es el suyo propio. Mas el principio superior que rige los juegos de Wilma Ellersiek es el profundo respeto al universo y a la naturaleza. Muchas educadoras se maravillan una y otra vez por lo bien que responden los niños a los juegos, implicándose mucho más que en los juegos de dedos de tipo tradicional.

A través del estudio profundo de los escritos pedagógicos de Rudolf Steiner y gracias a su experiencia pedagógica y creatividad intuitiva, Wilma Ellersiek pudo crear esta obra que alimenta el cuerpo, el alma y el espíritu del niño. La gama de los juegos es tan amplia que beneficia tanto a niños sanos como a niños con necesidad de cuidados terapéuticos.

La Vida de Wilma Ellersiek

Wilma Ellersiek nació el 15 del junio de 1921 en un pueblo alemán situado en la costa del Mar Báltico. Desde su infancia disfrutó de la compañía de gatos, perros y caballos y vivió intensamente el ritmo de las olas y el soplo del viento. Sus amigos, como ella comentó una vez, fueron las flores, los árboles, la arena y las estrellas. Pero lo más decisivo para su vida futura fue el fenómeno del ritmo que ella pudo vivenciar intensamente, sobre todo gracias a la presencia del mar. En una retrospectiva de su vida, se refiere a su infancia como a una etapa paradisíaca que vivía al ritmo de la naturaleza. Sus padres le facilitaron una educación tanto artístico-musical como de literatura y lenguaje. De esta manera, vivió desde las primeras etapas de su biografía junto al arte y la naturaleza – unos maestros inmejorables para el desarrollo humano.

En el año 1941, Wilma Ellersiek empieza sus estudios de música escolar, filología germánica e historia del arte en Leipzig, pero una enfermedad grave y las circunstancias adversas de la guerra la obligan a abandonarlos. Tras la guerra mundial, retoma los estudios en la ciudad de Essen, especializándose en la educación rítmico-musical. Continúa los estudios más tarde en la Academia Estatal de Música y Arte Dramático de Stuttgart. Al acabar su carrera académica, pasa a ser asistente en los departamentos de Rítmica, de Arte Teatral y de Arte de la Palabra de la misma academia, donde más tarde obtendría el cargo de catedrática. Durante su actividad docente es directora de óperas y obras de teatro tanto en Stuttgart como en Viena o Londres. Su misión principal en la academia fue la de formar actores y profesionales en el arte de la rítmica y de la palabra.

Tras pasar por otra grave crisis de salud, inicia un importante cambio profesional. Wilma Ellersiek ahora se dedica a la investigación del ritmo y a su efecto saludable sobre el niño a través del movimiento, el lenguaje y la música. Finalmente, un proyecto de investigación que le encargó el gobierno de la región de Baden-Württemberg fue el impulso inicial para crear los primeros juegos de gestos para niños de la edad preescolar.

Paso a paso, con ingenio, acribia y laboriosidad, transforma estos juegos de gestos en unidades lúdicas rimadas, impregnados de ritmo y música.

A los cursos que imparte, les da el título inicial de "escuela de padres" porque desde el principio su intención principal fue la de enseñar los juegos a los niños en presencia de las madres y los padres. Con este fin, la Escuela Superior de Música de Stuttgart inaugura para Wilma Ellersiek una sección dentro del Departamento de Rítmica que se llamó *Rítmica para la edad preescolar*. En esta época comienzan a desarrollarse los primeros programas de escolarización temprana, por lo que lo novedoso y poco habitual de los juegos de tacto y de gestos, diametralmente opuestos a los nuevos programas más orientadas a la presión escolar, provocaron bastante escepticismo entre los padres y maestros.

En esta época, Wilma Ellersiek coincide con una de las pioneras de la educación Waldorf de preescolar, Klara Hattermann y desde ese momento nace entre ellas una íntima amistad. Klara Hattermann percibe el gran valor de los juegos de gesto y se compromete con los mismos. Comienza a difundirlos con gran entusiasmo por toda Alemania, al igual que hacen algunas de las antiguas estudiantes de Wilma Ellersiek. Los participantes de los cursos impartidos por Klara Hattermann también introdujeron y divulgaron los juegos en otros países, traduciéndolos al inglés, al japonés y a otros idiomas.

Tras 25 años de intensas actividades de enseñanza, justo en el momento cumbre de su carrera profesional, Wilma Ellersiek se jubila y se vuelca a una actividad en la que no podía imaginar éxitos tan espectaculares como los que había alcanzado en su carrera profesional: se dedica exclusivamente al mundo de los niños pequeños, empieza a crear otros juegos y canciones nuevos, y les da un contexto más amplio, el de *complejos de juegos* para madres e hijos.

Entre sus nuevas creaciones aparecen las caricias y una serie de nanas en ambiente de quinta. En esta época también se forma un grupo de trabajo llamado *Arbeitskreis für die Spiele von Wilma Ellersiek* (círculo de trabajo para los juegos de Wilma Ellersiek) que se ocupa tanto de conservar y difundir los juegos como de garantizar su calidad. En efecto, este *círculo* vela por la reproducción de los juegos según las enseñanzas de la autora, por su adecuada traducción a otros idiomas y por la transmisión de las mejores prácticas para las educadoras, madres de día y maestras de jardín de infancia que desean usar los juegos como recurso en su entorno familiar o profesional.

Wilma Ellersiek falleció el día 27 de octubre del año 2007. Siempre consciente de las verdaderas necesidades de los niños y de las amenazas que el mundo materialista supone para la primera infancia, Wilma Ellersiek dedicó la segunda mitad de su vida a los niños pequeños, desarrollando los juegos que, gracias a su discípula Ingrid Weidenfeld, llegaron a los jardines de infancia de España.

Algunos de los comentarios que Wilma Ellersiek hizo respecto a sus juegos, nos indican que el motivo de regalar amor y alegría nace de un impulso profundamente mercurial, es decir, terapéutico. Como les ocurre a muchos artistas en nuestra época, Wilma Ellersiek también sentía las necesidad de curar y sanar, y puso sus enormes capacidades al servicio de los niños. Sigamos trabajando con sus juegos de forma acorde con los ideales y deseos que su autora puso en ellos.

Reflexiones Pedagógicas Fundamentales

El repertorio de juegos de gestos reunidos en este libro es un recurso pedagógico que combina la objetividad del gesto con la palabra artística. Es fundamental que estos juegos no se ofrezcan a los niños de manera mecánica ni informal, así como tampoco de manera sentimental o intelectual.

Estos juegos están basados en resultados de investigaciones científicas sobre la relación entre la mano y el cerebro. Trabajando con ellos facilitaremos al niño la variada experimentación de las múltiples esferas de la Naturaleza y del Ser Humano. El niño recibe esta experiencia gracias a la fluidez de los gestos, a través del ritmo y por la variedad de los contenidos. De esta manera el niño puede entregarse al juego e, imitando los gestos con alegría, llegar a conocer y asimilar el mundo.

Todos los juegos reunidos en este libro han nacido a partir de la observación exacta de la naturaleza, con la intención de descubrir lo que está delante nuestro, no de inventar cosas nuevas. Todo existe ya, sólo hay que despertar la capacidad de observación, sin mezclarla con simpatías y antipatías o con pensamientos subjetivos. Hay que acercarse desinteresadamente a los fenómenos naturales y escuchar lo que nos dicen.

Lo que percibimos y descubrimos en la naturaleza debemos transformarlo con respeto y acato en una obra artística apropiada para la infancia, es decir, debemos encontrar el gesto que corresponde a cada fenómeno observado.

Por lo tanto, la tarea principal para la educadora es empatizar con los fenómenos existentes y transmitirlos al niño – sin prejuicios personales, pero siempre con presencia del Yo. También es un requisito esencial que la educadora ejercite sus gestos, su lenguaje y su voz para una correcta realización de los juegos, de manera que los niños tengan un modelo digno de imitación.

Los fenómenos del mundo exterior se representan con gestos de la mano o gestos corporales que son arquetípicos. Cuando el niño los reproduce en su interior, vivencia lo verdadero y esencial de los fenómenos naturales, recibiendo un conocimiento corporal del mundo y de la naturaleza y un alimento fundamental para configurar su organización física e intelectual.

Tanto los juegos de motricidad fina como los de motricidad gruesa, así como la estructura de los juegos con sus cambios equilibrados entre acción y descanso, son el resultado natural de lo que se observa en los reinos naturales (por ejemplo en las costumbres de los animales). Para un juego de gestos de mano bueno y sano, no se necesita más que este tipo de equilibrio. Basta con que cada juego sea un proceso rítmico-musical.

El lenguaje artístico, con sus elementos rítmicos y melodiosos, es el mejor medio para hacer vivenciar lo musical. Las variedades de tono, de ritmos y de juegos de sonido, sílabas y palabras, son para los niños un medio ideal para el desarrollo de los órganos del lenguaje, del aparato vocal y para conocer las cualidades poéticas y lúdicas del lenguaje. A menudo los niños perciben este lenguaje rítmico y melódico como si fuera música y piden "¡cántalo otra vez!".

Estos juegos son una propuesta muy singular para el cultivo y desarrollo de la disposición natural del niño a imitar el lenguaje vivo, armonioso y melodioso, es decir, "el lenguaje que respeta tanto lo rítmico como lo melódico" (Wilma Ellersiek).

La palabra, que siempre ha de tener un carácter rítmico-musical, debe ir coordinada con el gesto que realizan las manos. En todo este proceso, las imágenes que transmitimos con la palabra no son lo prioritario; lo importante es lo que la educadora transmite con los gestos y los movimientos, porque son lo que más la llega al niño. Los gestos y los movimientos, a través de la imitación, se dirigen a la voluntad del niño. Y la voluntad es lo primero que intentamos estimular durante el primer septenio. En el gesto tenemos la base y la forma primordial de la comunicación y del comportamiento humano.

La Importancia del Juego Infantil

El juego, quintaesencia de la vida infantil como expresión de actividad personal y creativa, es un elemento sano y esencial en la vida del individuo y de la sociedad entera. Sin embargo, cuando hoy se habla de jugar, a menudo se hace referencia a la mera manipulación de aparatos varios, por ejemplo, apretando el botón del mando para teledirigir un coche de juguete. Aquí la fantasía del niño ya no tiene protagonismo alguno. Por más sofisticados y realistas que sean los juguetes y los juegos con sus reglas, su uso no deja espacio para imágenes interiores que son la esencia de la fantasía, de la creatividad interior. Todo es perfecto, todo está hecho y dado. El juego como acto creativo ya no tiene lugar de manera natural.

Por medio de los juegos de gestos y de palabras, lo creativo de cada niño resulta revitalizado y recibe un nuevo impulso. En este proceso, el movimiento rítmico y danzante es una ayuda inestimable. Los juegos son auténticos puentes hacia la creatividad.

La intención primordial del educador no deberá ser nunca que el niño entienda el contenido de los juegos; lo importante es la oscilación continua entre las polaridades motoras arquetípicas, que el niño ya trae consigo. Este tipo de movimientos da alegría y vitalidad. Los movimientos de las manos y de los dedos, y el hablar melódico, deben estar perfectamente sincronizados para facilitarles la imitación a los niños. Movimiento y palabra, fundidos en una única acción durante el juego de gestos, son dos formas de expresión de una misma unidad. Esa mutua compenetración entre el gesto corporal y el gesto hablado, como singular proceso creativo, activa los procesos de desarrollo físico del niño y le permite una percepción completa del mundo exterior que es imprescindible para el niño pequeño y su manera de experimentar el mundo.

La Importancia de la Imitación

El hecho de que el niño pequeño esté íntimamente unido a su entorno tanto en su constitución física como anímica e intelectiva, y de que sea capaz de interpretar lo que sucede a su alrededor tan solo mediante sus sentidos, nos indica que su autoconciencia se halla más bien en estado de ensoñación. Cuando está en acción, experimenta con más intensidad el entorno que a sí mismo. Y precisamente por esto, el niño es capaz de aprender. Las vivencias que el niño experimenta a partir de su entorno impregnan su organismo hasta penetrar profundamente en los procesos fisiológicos del mismo. Por ejemplo, sensaciones de alegría o tristeza hacen reaccionar sensiblemente a la respiración, a la circulación de la sangre y a la digestión y se graban en los procesos de formación de los órganos físicos.

Durante este primer periodo de la vida, es una importante tarea pedagógica, no debilitar las fuerzas vitales subyacentes a los procesos formativos, lo que podría llegar a suceder, por ejemplo, por estimulación prematura de la intelectualidad o por estímulos demasiado fuertes e discontinuos. Por el contrario, debe hacerse todo lo posible para que la parte anímico-espiritual del niño pueda disfrutar y sacar provecho de esta fase en la que la conciencia se encuentra como en un sueño profundo del que más tarde despertará hacia la conciencia terrenal y de vigilia. En esta fase de construcción del organismo, lo rítmico-musical de los juegos de dedos y gestos constituye una propuesta ideal. Los sonidos que el educador hace llegar al niño en un lenguaje rítmico y los movimientos bien ensayados y presentados, van modelando el cuerpo del niño. Por eso el educador ha de procurar, ante todo, hablar con buena articulación y acompañar los tonos y sonidos con los movimientos adecuados. El educador dejará que el niño decida si quiere hacer suyo el juego mediante la libre imitación, si prefiere limitarse a observar tranquilamente el juego o incluso si se aparta para ocuparse de otra cosa.

Cada niño tiene su manera individual de recibir y asimilar elementos de su entorno, y para esto necesita su tiempo. Cuando el niño no sea capaz de sumergirse en el proceso de los movimientos, el educador evitará las interrupciones para hacer comentarios o llamarle la atención. Lo único que se conseguiría con esa actitud sería cortar la fluidez de la ejecución creativa del juego. Y, generalmente, el niño no comprenderá la razón de tal interrupción. En este sentido, Wilma Ellersiek dijo: "Hay que dar tiempo a los niños para que se adentren en los gestos de movimiento, en la palabra y en el tono y para que *se lancen* hacia ellos."

- El niño en quien predomine la percepción, permanecerá más tiempo en el proceso de mirar con asombro y acoger lo presentado, y sólo poco a poco irá entrando activamente en el juego.

- El niño en quien predomine el impulso motor, no tardará en imitar los gestos y acciones, y sólo más tarde tomará parte en el hablar y cantar.

- El niño en quien predomine el sentido del tacto estará encantado de usar los dedos: dependiendo de los movimientos de cada juego, le producirá alegría dar palmadas, cruzar los dedos o dar golpecitos con ellos.

- El niño "intelectual" tiene dificultad para dejarse llevar por la actuación o identificarse con los personajes y seres representados. Al principio se queda observando y puede ser que haga comentarios sabihondos.

- El niño "hiperactivo", a quien le resulta difícil controlar su excesiva voluntad a la hora de realizar gestos intencionados, no será capaz, al principio, de seguir la continuidad de las acciones.

- El niño "hipersensible" y sobre-estimulado se va a apartar porque fácilmente se puede sentir sobrecogido.

- El niño "apático" o "insensibilizado" se negará a dejarse llevar por el juego porque necesita su tiempo para animarse.

En cualquier caso, si ofrecemos continuamente a los niños la oportunidad de vivenciar los juegos, con el tiempo todos aprenderán a decir los textos, cantar las canciones y repetir los gestos con alegría, encontrando así poco a poco su propio modo de integrarse en los juegos. Algunos niños a los que les cuesta imitar un juego en el jardín de infancia, a menudo lo repiten en casa en cuanto tienen un momento para estar consigo mimos.

No obstante, el ideal de intervenir lo menos posible no se debe confundir con la actitud de permitir que los niños hagan lo que quieran; en cada momento hay que observarlos con interés y cariño durante el juego.

Lo Artístico del Lenguaje

En todos los juegos de tacto rítmico-musicales, la sensibilidad para el lenguaje es primordial. El significado de las palabras está en un segundo lugar. Lo que fascina a los niños es la dinámica del habla, repleta de ritmo y de musicalidad, la plasticidad de los sonidos, el gesto de las palabras, la fluidez del habla con su pulsación rítmica, la diversidad de timbres y tonalidades, las variaciones en la intensidad de los sonidos. Es por ello por lo que todos estos elementos merecen la mayor atención tanto durante los ensayos como durante las representaciones.

En los juegos se emplea un hablar próximo al cantar, que se eleva sobre la prosa. El sonido de las palabras debe ser orientado al gesto, generando alturas de tono y diversidad de sonidos. De este modo, el niño puede vivenciar sonidos y procesos musicales objetivos y sin teatralidad.

Pues lo artístico y creativo del lenguaje es más importante que los conceptos e ideas que se comunican. Sumergido en el proceso de formación de sonidos y reproduciendo en su interior el gesto hablado, el niño vive en lo esencial de la palabra, que aún es gesto primitivo; ni es concepto abstracto ni tiene función descriptiva.

Los gestos y movimientos sirven al niño a incorporar en sí el lenguaje. Se modela el organismo del niño, y se crea la base para un futuro manejo creativo y artístico del lenguaje. La manera en que la madre y el padre hablen con el niño es un modelo para él. Cada niño sano aprende por vía de imitación, de sus modelos.

Al niño pequeño, le atraen los movimientos que percibe en su entorno, y su mayor interés se dirige hacia las acciones y actividades de otros seres humanos. Cada movimiento tiene función de modelo para el niño.

En todos los juegos, tanto en los de tacto como en los de dedos y de gestos, en el momento en que se inicia un nuevo gesto el educador acompaña los movimientos de las manos con la mirada, y sólo después mira al niño. Así la mirada oscila permanentemente entre las manos y el niño. Para que haya armonía entre el lenguaje y los movimientos, estos últimos deben preceder un poquitín a las palabras correspondientes. Los textos y los movimientos de los dedos deben estar perfectamente estudiados y trabajados para que se haya adquirido seguridad y no se produzca ninguna pausa para hacer memoria.

Para practicar de la manera más natural y animada los juegos que están relacionados con flores, animales u otros elementos de la naturaleza, es útil que el educador evoque la flor (el animal, la gota de lluvia, etc.) ante su ojo interior, que interiorice los rasgos típicos para entonces acertar en transformar lo esencial con los movimientos de las manos.

Los Movimientos Infantiles y la Organización Rítmica de la Vida

Jamás volverá a actuar el ser humano tan olvidado de sí mismo y a desplegar su espontaneidad como lo hace en los primeros años de su vida. Inconscientemente y con toda naturalidad, los más pequeños ya empiezan a crear sus propios juegos de movimiento cuando saltan para expresar alegría, cuando giran las manos en el aire o cuando acompañan los movimientos con sílabas rítmicas como *ya ya yaaa* o *tacatacataca*. También les gusta jugar con la lengua (*beobeobeobeo*) o chasquearla (*tip tip tip*) o entonar breves melodías.

Todo lo que los niños hacen en sus juegos presenta claramente elementos rítmicos y repetitivos. Ya sea al saltar, columpiarse, mecerse, construir, cavar, esconderse, llenar, vaciar, remover cosas en ollas o cubitos, envolver y desenvolver objetos, tapar y destapar, dar vueltas a una cosa, tirar o poner objetos en cierto orden, en todos sus actos volitivos el niño realiza incansablemente movimientos primitivos: una cosa se cierra y se abre, va de un lado a otro, entra y sale, sube y baja, va hacia delante y hacia atrás, gira sobre sí mismo o se mueve en círculos. Esos movimientos primitivos son funcionales e imitativos. Así como la madre hace el gesto de remover la sopa con la cuchara, tal cual lo quiere imitar el niño. Y con cuanto más ánimo y alegría actúa la madre, tanto más se aplica el niño a imitarla y, a ser posible, con la misma cuchara que está usando la madre. En cada acción concreta, los niños viven el compromiso interior del adulto con el juego que presenta.

A partir del tercer año, la fantasía infantil se empieza a despertar, y el niño llama *cocinar* a la actividad de remover castañas en una olla o *planchar* a deslizar un trozo de madera de un lado para otro. A los seis años, con el despertar del pensar, el niño empieza a ejecutar los movimientos primitivos con mayor conciencia, por ejemplo los movimientos de serrar cuando juega a ser carpintero.

Lo mismo que el niño desea la repetición de un juego de dedos, de un cuento o de una canción, también pide rutina y orden en la organización del día, de la semana, y de las fiestas anuales. Cuando se ve cumplida su expectativa de que hoy y mañana pasará lo mismo que ayer y anteayer, el niño se halla más confiado con su entorno y por tanto, también consigo mismo. De esta seguridad dependen su salud y sus fuerzas vitales. A esta edad, las fuerzas vitales aún no actúan autónomas y libres, sino que dependen de los procesos rítmicos de la vida del entorno y así será durante los primeros años, dedicados al crecimiento de los órganos y al desarrollo completo de sus funciones. Para el niño pequeño, "dentro" y "fuera" son una unidad.

Vida rítmica y repetición son por tanto los pilares de una pedagogía que respeta la facilidad de imitar que con tanta sabiduría se halla presente en el niño. El ritmo crea estructura, solidez y límite en el sentido de seguridad y recogimiento. En este ámbito protegido, el niño crea su primer espacio libre para su juego individualmente creativo e imaginativo. Las investigaciones más recientes en el campo de la neurofisiología han confirmado el papel central del juego libre y creativo para el desarrollo del cerebro, sobre todo cuando las fuerzas imaginativas tienen la oportunidad de estar en plácido e intenso contacto con juguetes sencillos, que no sean perfectos ni muy elaborados, o incluso con materiales que la naturaleza misma facilita: arena, tierra, agua, piedras, hojas, cortezas, ramas, etc…

Lo mismo se puede decir de los juegos de dedos o gestos, donde las manos y la voz son el material de juego. Los aspectos de lo rítmico-danzante, lo creativo-lúdico, lo estimulante para la fantasía y el desarrollo de la motricidad, están plasmados de manera casi imperceptible en los juegos, que tan sencillos pueden parecer a primera vista. Son un verdadero tesoro para niños y educadores.

Los Juegos de Tacto

Aunque los juegos de tacto van dirigidos a los niños del primer septenio, pueden practicarse, según el caso, "con seres humanos pequeños, grandes, jóvenes, mayores y personas con necesidad de cuidados especiales" (Wilma Ellersiek). Por ejemplo, en un instituto de pedagogía terapéutica se hizo un trabajo intensivo con los juegos y se pudo comprobar su efecto sanador y armonizante.

En muchos niños nos percatamos de un deseo de contacto físico y de conocer el cuerpo hasta los dedos de los manos o los pies. Sólo cuando el niño se sienta bien en su cuerpo, podrá entablar un contacto sano con el mundo exterior. Cuando las caricias suaves queden "impregnadas" en el cuerpo, el niño sabrá mantener una actitud cuidadosa y un trato cariñoso con las plantas, los animales, las personas y las cosas de su entorno. Con los juegos de tacto cuidamos en particular los sentidos del tacto, el vital, el de movimiento y el de equilibrio. El buen desarrollo de esos sentidos es esencial para los años posteriores a la infancia.

En el primer año de vida, los cuidados que se repiten diariamente son lo que facilitan bienestar y seguridad al niño, siempre que se hagan con actitud serena y tranquila. Cuando, más tarde, se inician los juegos de tacto, deberá hacerse en un ambiente de cariño, serenidad y cuidado, sensibilizándose con los deseos y necesidades del niño pequeño.

En el tercer año de vida, el niño está más abierto y dispuesto a seguir un juego de tacto, aunque no siempre de forma inmediata. La madre hace por ejemplo el juego para sí misma, o con una muñeca o con un hermanito, esperando a que el niño se acerque a participar. Con niños altamente sensibles o con niños autistas, no se busca el contacto directo (el cual puede llegar después de mucho tiempo). Los gestos se hacen por encima del niño o alrededor de él, dejando un *colchón de aire* en medio. En el trabajo con niños de Educación Primaria, hasta la segunda o tercera clase, se necesita un ambiente protegido y el contacto individual. Observando esa regla se verá que los niños aceptan unos juegos que, de habérseles ofrecido en grupo, quizás los hubieran rechazado calificándolos como "tonterías"; en cambio si se trabaja con ellos de manera individual, participan con ilusión en los juegos y les será posible transformarse y madurar.

Las Caricias

Las caricias son pequeños juegos rítmico-musicales que los padres pueden regalar a sus hijos. Algunos también son aptos para el bebé recién nacido. Estos juegos, máxime si se los combina con las nanas y las canciones en ambiente de quinta, hacen posible que el niño pequeño tenga encuentros alegres con el mundo que le rodea. Por eso los juegos pueden servirle de ayuda para emprender el dificultoso camino de la vida en esta tierra.

El niño se encarna "chocando" con el mundo físico. Y para completar la experiencia dura de "chocar" con lo exterior, el niño pequeño debe también experimentar el contacto cariñoso y cuidadoso. De esta manera puede sentirse como invitado a unirse con confianza al mundo terrenal. Los gestos de cuidado y protección dan al niño la capacidad de tener un trato cariñoso con las cosas, las plantas, los animales y las personas. Las vivencias de ser tocado de manera cariñosa crean la base de respeto y veneración ante la vida y la voluntad de protegerla y cuidarla.

Cuando un ser humano toca a otro, puede ser que exprese sentimientos y emociones egoístas tales como la furia o la voluptuosidad. Por otro lado, el tocar a otra persona puede tener un efecto de aprobación y confirmación, y puede expresar que aceptamos al otro con todo su ser. El hombre tiene el deseo natural de ser reconocido como individuo por todos los que tienen trato con él.

Desde la infancia, las personas se distinguen bastante en su disposición a tocar a otros o ser tocados por otros. Los padres que evitan el contacto corporal con sus hijos pueden provocar daños persistentes. Por otro lado, una caricia para un niño en estado de choque o dolor, es benéfica y saludable. No es por casualidad que en todas las culturas haya ritos de imposición de las manos, como el de dar la bendición imponiendo las manos encima de la cabeza de otra persona.

En casi todos los idiomas se diferencia entre dos conceptos o palabras: *acariciar* y *toquetear*. La connotación del concepto de "acariciar" es la de discreción y delicadeza, mientras la de "toquetear" es más agresiva y negativa y sugiere la tendencia de tomar posesión del otro. El tipo de caricias para los niños pequeños que se hallan en este volumen son contactos llenos de respeto. La persona mayor que se acerca al niño, las debe realizar desinteresadamente, con un gesto de protección y amparo que no exige nada para sí mismo. La persona que está haciendo un juego de tacto ha de ejercitarse para dejar el espacio exento de sensaciones y emociones egoístas.

Los juegos de movimiento rítmico-musicales han de realizarse de manera que haya ausencia de emociones y consideraciones subjetivas. El proceso de dar y recibir contacto corporal debe ser una acción objetiva y estar más allá de lo personal. Hay que regirse por la esencia espiritual del movimiento y de la palabra.

El movimiento fluido y rítmico, junto con la oscilación y respiración son los elementos básicos para realizar un juego. Por medio de ellos, la caricia humana, afectuosa y delicada, adquiere una cualidad superior y un efecto más profundo. Se convierte en un gesto protector que no tiene carácter egoísta y que, por el contrario, puede crear un ambiente de cuidado y protección para el ser infantil. No es un gesto plenamente físico, sino tiene un carácter religioso.

Las caricias y los pequeños textos que las acompañan como versos o secuencias de sílabas rimadas, tienen en cuenta la necesaria objetividad. Esto hace que el niño vivencie el tacto impregnado de una cualidad anímica-espiritual.

La Calidad de los Movimientos

Una regla general para los juegos de tacto es la de realizarlos con las manos bien calientes. Todos los movimientos deben hacerse de manera suave y fluida. Los contactos se deben producir con máxima delicadeza, tanto más cuanto menor sea el niño. Con niños enfermos o con necesidad de cuidados especiales se requiere aún más cuidado. Las zonas más sensibles son la cabeza y el pecho. Sólo a partir de los dos años y medio el niño está receptivo a ser tocado en esas zonas.

En el momento de hacer un juego de tacto, la cara del educador debe tener una expresión alegre y serena. La mímica tiene un papel totalmente secundario; lo importante son los gestos y movimientos de las manos.

Al repetir un juego, tocamos las mismas partes del cuerpo en el mismo orden. Así el tacto tendrá un efecto calmante y tranquilizador, dando seguridad al niño. No es aconsejable practicar un juego de tacto durante más de diez minutos. Es mucho más sano y eficaz hacer un juego corto varias veces al día.

Muchos de los juegos de tacto tienen elementos primitivos con las que el niño puede conocerse y entrar en contacto consigo mismo. Esto, se consigue con ayuda del instrumento más importante de conocimiento, acción y expresión: la mano humana con sus dedos. Con el tacto de los dedos, en particular los de la mano derecha, se favorece el crecimiento y la estructuración del centro de Broca (área de la circunvolución frontal inferior en la que se sitúa el centro del lenguaje), y con ello la capacidad de habla activa.

Más allá de eso, las caricias se prestan estupendamente para dar una tierna ayuda de encarnación. Cuanta más delicadeza se procura en los juegos de tacto, más eficaces son. Con niños altamente sensibles o con niños autistas, no se busca el contacto directo o se deja un "colchón de aire" entre la mano el cuerpo del niño.

Las instrucciones para hacer los gestos y caricias normalmente están pensados para los padres. En la mayoría de los casos es la madre la que aprende los juegos, pero estaría bien que también el padre pudiera ensayar alguno que otro.

El tiempo es de máxima importancia. Los niños aún tienen todo el tiempo del mundo, y los adultos deben intentar tomarse el máximo posible de tiempo para crear un ambiente relajado. El efecto de los juegos y caricias se multiplica cuando se practican con calma y sosiego.

Juegos de Movimientos del Mundo Animal

La tierra está poblada de plantas, animales y seres humanos. Los animales viven debajo de la tierra o sobre ella, una gran variedad de especies vive en el agua y el aire está lleno de pájaros e insectos. Una parte del reino animal está domesticada y puesta al servicio del ser humano. Muchos animales viven en nuestro entorno, apenas percibidos, pero cada uno con sus características y su función dentro de los procesos naturales.

Para los niños, los animales son buenos amigos. Normalmente se acercan a ellos sin ningún tipo de miedo, aunque se trate de animales grandes, y sienten el deseo de tomar contacto con ellos. A menudo el primer contacto se realiza a través del tacto. Entonces la mano infantil percibe si el animal tiene una piel suave o espinosa, si transmite calor, frío, etc. Otra forma de tomar contacto es observar el animal con fascinación y atención. El niño absorbe el ser del animal, sin simpatía o antipatía e incapaz de sentir la sensación de asco ante una araña, un gusano o una babosa. Al contrario, el niño está lleno de cariño, interés y ánimo de conocer el animal que tiene delante.

La Identificación con el Animal

A los niños entre los dos y seis años de edad les encanta transformarse en animales. Según la situación concreta, juegan a ser una fiera o un animal de compañía. Por ejemplo, los niños con más ganas de moverse elegirán ser un mono, un caballo o una rana. Y esta transformación es total, es decir que los niños no "son como" un león o como un burrito. En ese momento, gracias a su fantasía, realmente viven en el león o el burrito, y suelen reaccionar con indignación cuando el adulto no reconoce el animal que están representando.

Sumergirse en el papel de un determinado animal permite a los niños asumir cualidades que les gustaría tener. Les gusta ser tan grandes como un león, un tigre o un oso para abandonar el papel del pequeño y ser más fuerte que un adulto.

Los niños que hoy viven en las ciudades conocen a los animales más bien a través de libros o vídeos, pero no en su entorno natural. Los animales de juguete y los peluches que se les regalan a los niños a menudo parecen caricaturas de los animales reales, hasta tal grado que a veces ni un adulto sabe decir si se trata de un perro o un conejo. En muchas películas infantiles se representa seres grotescos que son mitad hombre mitad animal. Cabe preguntarse si esas figuras son animales hechos seres humanos o seres humanos degenerados.

Lo cierto es que tales imágenes tienen un efecto desastroso sobre el alma infantil porque los niños pequeños aún no saben distinguir entre lo real y lo caricaturesco. Para el niño hasta los siete años, todo es auténtico y real, e incluso lo caricaturado existe de verdad.

Es cierto que existen imágenes y películas que representan a los animales de una manera real, pero los niños no perciben el animal como lo pueden hacer en su entorno natural. La imagen del animal no puede sustituir al vivenciar el contacto con un animal vivo.

Una posibilidad de transmitir algo esencial de la vida del animal: el juego de gestos de manos. El esfuerzo de la educadora por acercarse lo máximo posible al imitar un gesto o movimiento típico del animal hace que el niño lo vivencie de la forma más auténtica. En la imaginación del niño, el gesto de la mano, realizado con la debida intención, se convierte en el animal real.

En los juegos de Wilma Ellersiek los animales se representan con su comportamiento natural. En ningún momento los animales representados en los juegos empiezan a hablar o realizan movimientos que no son genuinamente suyos y que en realidad sólo los sabría hacer un ser humano. El lenguaje de Wilma Ellersiek sólo sirve para acompañar los gestos y movimientos, nunca para comentarlos ni para dramatizar el juego con emoción y afecto. Por lo tanto, al presentar un juego de mano, el lenguaje de la educadora debe ser objetivo y veraz como el mundo infantil.

Elementos Musicales Saludables

En el mundo animal podemos percibir numerosos elementos musicales. A lo largo de los siglos no pocos compositores intentaron conjugar la música con el canto de los pájaros, como por ejemplo el compositor francés del siglo XX, Olivier Messiaen con su poema-ópera "Saint François d'Assise". También las formas y movimientos de los animales nos enseñan elementos musicales y probablemente donde más se pueden observar es en las formas de las conchas y su variedad de formaciones, ya que todas parecen tener su propia dinámica y sus reglas matemático-musicales.

Los textos de todos los juegos con motivos del mundo animal son rimados y rítmicos, lo cual ejerce un efecto saludable sobre el organismo del niño. El ritmo no tiene que ver con monotonía; por eso la intención de Wilma Ellersiek fue crear juegos donde predomine la alternación entre las sílabas cortas y largas o tónicas y átonas, tal como por ejemplo existe en el ritmo yámbico y en el troqueo. Esos ritmos casi se adaptan al latido del corazón y son los que los niños vivencian con más facilidad.

Las pulsaciones (véase el apartado "Las Canciones en Ambiente de Quinta"), la continua repetición de las rimas y la constante alternancia entre lo tónico y lo átono, producen la sensación de seguridad y confianza. A los niños les hace ilusión vivenciar que una y otra vez vuelvan a aparecer los mismos sonidos y los mismos elementos rítmicos. El sentido de las palabras pasa a segundo plano porque de lo que se trata es de la armonía de los sonidos con su efecto armonizante sobre el niño.

Los juegos tienen cualidades rítmicas y musicales conformes con los movimientos característicos de los animales. Por ejemplo, el compás del juego del caracol se adapta a su movimiento lento; en cambio el juego de la rana y la mosca tiene los elementos correspondientes a movimientos ágiles y espontáneos.

Cada juego de Wilma Ellersiek se puede considerar una pieza musical orientada a la constitución infantil y a las facultades de aprendizaje de los niños. Por lo tanto, estos juegos son ideales para facilitarles a los niños una sólida formación musical que pueden experimentar a través de su propio cuerpo y de la imitación de los gestos. Y para que esto sea así, los educadores tenemos que aprender a usar bien nuestro cuerpo como un instrumento, ejerciendo la voz, los movimientos de las manos y los dedos, pero también la expresión corporal. Puede parecer una tarea dificultosa, pero lo bonito es que con cada paso se descubren más los secretos de la música.

Las Canciones en Ambiente de Quinta

Las canciones en ambiente de quinta, que normalmente se cantan para dormir o tranquilizar al niño, no sólo están pensadas para los más pequeños. También los niños de hasta siete años agradecen este tipo de atención, siempre que aún sean receptivos a estas canciones y no prefieran pasar el rato con los videojuegos.

El espacio tonal de estas melodías se adapta muy bien a la voz de canto que tiene el niño; asimismo es un espacio tonal que todavía no está ligado a una determinada tonalidad, así como el niño todavía no tiene intereses especializados y tiene todas las puertas abiertas en su vida.

Con las canciones en ambiente de quinta, los niños reciben una música adecuada para su edad, pero los adultos también podrán sentir su efecto saludable. A algunos les costará trabajo entrar en el espacio tonal del ambiente de quinta, por eso puede ser útil aprender a tocar las melodías, por ejemplo con las *flautas de intervalo* de la marca Choroi. Estas flautas presentan un solo orificio, lo que las hace fáciles de tocar incluso para principiantes. Producen exactamente el intervalo de la quinta, por ejemplo entre las notas de RE y LA, que es el salto tonal más usual en las canciones de Wilma Ellersiek.

Las primeras canciones en ambiente de quinta, las creó Wilma Ellersiek en el marco de su iniciativa de "escuela de padres" (véase el apartado "La Vida de Wilma Ellersiek"), donde cada unidad de juegos movidos finalizaba con una canción de descanso. Después se sumaron más canciones, como las que se pueden ofrecer a los niños pequeños antes de que entren en círculos de juego y que sirven incluso para envolver a neonatos en un ambiente musical de efecto sumamente tranquilizador. Estas canciones han sido probadas durante los pasados decenios, tanto en la familia como en los jardines de infancia y círculos de juego. Su función útil y terapéutica como elemento calmante ha sido comprobada en los descansos realizados entre juegos.

Para familiarizarse con el mundo infantil de sonidos y motricidad es recomendable hacer un curso introductorio. Para conocer las posibilidades existentes, se puede consultar el apartado de direcciones al final de este libro.

Acunar Cantando una Canción de Cuna

Al nacer, el bebé entra en un espacio donde se notan los efectos de la gravedad; por eso agradece volver a tener la vivencia de la ingravidez, cuando sea posible, en su camino hacia la vida en la tierra. Una manera bella y eficaz de proporcionar esta sensación es el acunar. El niño percibe el momento de ser acunado como una continuación de sus vivencias dentro del seno materno, donde también se sentía acunado cuando la madre se movía andando.

Por otro lado, el bebé, que antes estaba rodeado por el líquido amniótico, ahora experimenta el aire que lo envuelve como el elemento que le hace llegar todo tipo de sonidos a sus oídos. A través de la voz de la madre, el niño toma contacto con el mundo. Mientras antes estaba unido con la madre por el cordón umbilical, ahora la conexión con la madre, y mediante ella con el mundo, se realiza a través de un "cordón vocal".

Esta conexión se produce de una manera muy profunda e intensa en el momento que la madre acuna al niño cantando una canción de cuna. En todas las épocas había conciencia de la necesidad de acunar a los niños. El niño siente así el calor que le da el cuerpo de la madre, pero igualmente importante es que el niño está junto al corazón de la madre, el lugar donde percibe el latido de su corazón con los oídos y con su organismo entero. En las canciones en ambiente de quinta, el niño vuelve a percibir el latido del corazón de la madre a un nivel superior: a través del lenguaje y el canto rítmico. En la cualidad espiritual del lenguaje y del canto artísticamente trabajado, el niño tiene la sensación de envoltura y regazo en una forma superior metamorfoseada.

Estas son vivencias imposibles de darse a través de medios electrónicos como, por ejemplo, los soportes sonoros para biberones. Con esos medios, al niño le falta la presencia de un Yo y de un ser con el que pueda establecer un contacto humano.

La Vivencia del Ritmo en el Primer Septenio de la Vida

El elemento rítmico es una fuente de vitalidad, seguridad y orden. Ejerce un efecto hasta en la respiración y en todo lo físico del niño.

La vivencia del ritmo en el primer septenio de la vida es fundamental. Se caracteriza por algo que podemos llamar la pulsación, que es el elemento primordial de todos los procesos rítmicos. La pulsación es la reproducción rítmica de elementos semejantes, no idénticos; es una regla que se orienta en el latido del corazón y da una estructura a la corriente del tiempo. La pulsación consta de dos partes: el impulso y la recuperación. En la recuperación, que normalmente se llama *silencio*, sucede algo decisivo: se prepara el siguiente impulso, un fenómeno comparable con la sístole y diástole del corazón o la inspiración y espiración del pulmón. Como el pulso de la sangre y la respiración, la pulsación musical puede variar y, por su flexibilidad acelerarse o retardarse. Estas cualidades de la pulsación tienen un efecto vitalizante para el niño.

La pulsación no tiene nada de mecánico y no tiene que ver con el contar rítmico que usan algunos profesores de música para enseñar a los niños un determinado orden en las unidades del tiempo. El ritmo mecánico de un metrónomo no puede ser vital ni flexible porque funciona con una mecánica siempre idéntica. La señal que da el metrónomo tiene una cualidad que corta en elementos iguales, pero no puede iniciar un impulso nuevo, como sucede en la pulsación. La medición métrica marca un compás que es lo contrario al fluir y respirar vivo y orgánico, y tiene un efecto amortiguador en cualquier proceso musical.

La oscilación permanente entre impulso y recuperación es lo que tiene un efecto fortalecedor para el niño; este tipo de oscilación es lo que se busca en un nivel más general en las escuelas Waldorf por medio de cuidar los cambios rítmicos entre acción y concentración.

Durante el primer septenio de la vida, la organización de la circulación y respiración aun está creciendo y madurando. El sistema rítmico ha de encontrar su propia medida hasta que se estabilice sobre el noveno año de la vida. En esta época de su vida, el niño no debería ser enfrentado a las reglas de la métrica, del compás y del valor de las notas musicales, que ejercerían un efecto nocivo e incluso destructivo.

Movimiento, lenguaje y canto se deben ofrecer al niño con su cualidad pulsatoria. Las canciones en ambiente de quinta tienen esta cualidad, ideal para favorecer el desarrollo de la organización física y de sus funciones.

Los Instrumentos de Música Pentatónicos

Entre los instrumentos pentatónicos tenemos el xilófono y el metalófono, la flauta, el arpa y la lira. La cualidad tonal de los instrumentos pentatónicos de Choroi corresponde a la constitución del niño en el primer septenio. El sonido suave, que tiene pocos sobretonos y resonancias, no ataca a la sensible organización física y no afecta con una excesiva intensidad la configuración anímica del niño. Esto hay que tenerlo en cuenta sobre todo para niños enfermos o niños con necesidad de cuidados especiales. El sonido queda en el espacio exterior y envuelve al niño como un soplo de aire. Es como una envoltura en la que el niño se puede acurrucar.

Los sonidos agudos o fuertes de ningún modo sirven para conseguir un efecto tranquilizador. Se puede observar que los niños no llegan a la calma cuando un juego se acompaña con la flauta dulce DO con su sonido fuerte y rico en sobretonos. La flauta dulce DO y la flauta travesera tampoco son recomendables por su alta resonancia, que afecta demasiado al niño en su interior.

Para conseguir la cualidad sonora deseada, hay que aplicar la técnica adecuada. El arpa, por ejemplo, se coloca sobre el muslo izquierdo. La mano izquierda toca el marco de madera y lo inclina hacia la rodilla, de manera que el arpa se amolda al antebrazo izquierdo. También se puede colocar el arpa en posición horizontal sobre el antebrazo izquierdo. Las cuerdas no se agarran. La yema del dedo se desliza sobre la cuerda y reposa en la cuerda siguiente. Para hacer que suene el tono más largo, podemos alejar la mano del instrumento y volverla a acercar a la cuerda siguiente en un movimiento de arco.

El Ambiente de la Quinta con el Tono Central "LA"

El tono *LA* es el tono central de todas las canciones en ambiente de quinta, rodeado tanto por los tonos de la quinta inferior como los de la quinta superior. El oscilar entre ambos lados del tono *LA* tiene un efecto tranquilizador; la sensación de flotar en una nube o de ser acunado. *Ambiente de quinta* significa ser uno con y estar en armonía con el mundo cósmico, donde tierra y cielo aún están en unión.

Otro efecto armonizante de la música pentatónica es la ausencia de medios tonos. Los medios tonos de la escala diatónica permiten dos vivencias o ambientes diferentes: la tonalidad mayor produce una sensación de alegría y claridad y la tonalidad menor una sensación de melancolía o aflicción. Este tipo de polaridad no se da en la música pentatónica, incapaz de tener un temperamento específico y siempre manteniendo el equilibrio entre los extremos.

La Práctica de Cantar

Las canciones en ambiente de quinta se hacen sonar con una actitud de delicadeza y tacto hacia el niño. Se canta con voz suave y aterciopelada, no con voz plena, y sin vibrato. El sonido flota meciéndose sobre la corriente respiratoria y le susurra al niño dándole una envoltura como lo haría un viento suave. En ningún momento se busca crear impresiones especiales para el niño; asimismo se evita cantar con tono sentimental y llevar la atención del niño hacia el contenido de la canción. Lo importante es que la canción haga que el niño vivencie los sonidos y el orden cósmico que reina en ellos.

Una canción en ambiente de quinta no tiene fin, en el sentido de que el último tono no tiene el carácter de tono final que es típico de la canción popular. Al contrario, el último tono crea la sensación de que el movimiento suave producido por la melodía no va a terminar o no lo hará abruptamente.

Quien no sepa entonar el tono de *LA* con perfección, puede valerse de uno de los instrumentos Choroi, por ejemplo una flauta pentatónica o un metalófono. Antes de entonar la canción se calienta la voz con el sonido de *LA*, sea canturreando o cantando "la-la-la". Esto crea un ambiente anímico inicial para el niño y nos ayuda a encontrar la actitud interior para ajustar la canción a su carácter de ambiente de quinta.

Una condición fundamental es la de respirar bien para trasmitir bien el ritmo de la canción. Se respeta la respiración del niño haciendo frases o unidades de respiración cortas.

Las Señales Musicales en las Partituras

El pulso es la unidad temporal básica de la canción, que a menudo se compara con el ritmo de un reloj. Sin embargo, podemos concebir el pulso como una pulsación que se orienta en el latido del corazón, dado que las unidades rítmicas que se repiten a través de las notas de las canciones de Wilma Ellersiek no tienen una duración determinada. Las canciones se cantan libremente, y el ritmo y la dinámica de la canción sólo se orientan en el contenido y el carácter de la canción.

El pulso apto para la canción depende en gran parte de la situación. En un ambiente animado entre los niños, o bien al cabo de una actividad de movimiento corporal o un juego rápido y vivaz, la educadora puede escoger un ritmo acelerado y, a lo largo de la canción, transformarlo hacia un ritmo más calmado. En cambio, si el ambiente es demasiado relajado o lánguido, se empieza con un pulso lento que se puede acelerar hacia el final de la canción. Por otro lado, para niños agitados, nerviosos o hiperactivos es necesario cantar a un ritmo básico lo suficientemente vivo.

El pulso básico de una canción normalmente es de una pulsación (●) o de dos pulsaciones (●●). Las duraciones de las notas de una canción son múltiplos o subdivisiones del pulso básico (por ejemplo la mitad o el doble) que de todos modos no son de exactitud matemática y más bien deben ser variables, como se ha descrito más arriba.

Los signos de notación musical que se usan en las partituras de este libro son los siguientes.

~ Alargar el tono

⌢ Un arco encima del grupo ligado de notas (símbolo del *ligado*), indica que las notas se interpretan o cantan de manera sostenida y sin interrupción.

√ Silencio con la duración de la pulsación básica de la canción.

√ √ Silencio el doble de duración que la pulsación básica de la canción.

Juegos de tacto y caricias

¡Sssssss!

1   ¡Ssssssss!

Formar un puño no demasiado rígido con la mano derecha. Extender el dedo índice, cuya punta hará de mosca. El pulgar reposa relajadamente sobre los dedos doblados. La mosca sale por detrás de la espalda y sube hasta la altura del cuello.

2   Sssss

Mover el dedo hacia adelante haciendo una curva cóncava hacia arriba.

3   Sssssssss

Mover el dedo hacia el centro (el esternón) haciendo otra curva cóncava hacia arriba.

4   sss

Mover el dedo haciendo una curva cóncava hacia abajo en dirección del niño.

5   ¡sst!

Desde arriba y en línea recta, la mosca aterriza en la palma izquierda del niño. La mosca llega justo al pronunciar la "t" del "¡sst!".

6   ¡Guilililililil!

Con la yema del dedo índice derecho hacer ligeras cosquillas en la palma del niño, imitando el movimiento de las patas de la mosca. Este paso se puede repetir una o más veces.

7a   ¡Ssssssss!

La mosca vuela desde la mano del niño hacia la derecha, hasta la altura del estómago de la educadora. La curva que traza en el aire es abierta hacia arriba.

7b	Sssss	Trazar otra curva del mismo tipo pero hacia la izquierda.
7c	Ssssssss	Otra curva como en el paso número 7a. Esta vez hasta la altura del cuello.
7d	sss	Trazar otra curva, hacia la derecha y abierta hacia abajo.
7e	¡Sst!	Desde arriba y en línea recta, la mosca aterriza en la mejilla derecha del niño. Como arriba, la mosca llega justo al pronunciar la "t" del "¡sst!".
8	¡Guilililililil!	Con la yema del dedo índice derecho, hacer ligeras cosquillas en la mejilla del niño.
9	Sssssss - Sssss - Ssssssss - sss - ¡sst!	La mosca hace cuatro giros y aterriza con el "¡sst!" en la mano del niño.
10	¡Guilililililil!	Con la yema del dedo índice derecho, hacer ligeras cosquillas en la mano del niño.
11	Ssssssss - Sssss - Ssssssss - sss - ¡sst!	La mosca hace cuatro giros y aterriza con el "¡sst!" en la mejilla del niño.
12	¡Guilililililil!	Con la yema del dedo índice derecho, hacer ligeras cosquillas en la mejilla del niño.
13	Ssssssss - Sssss - Ssssssss - sss - ¡sst!	La mosca hace cuatro giros en dirección del hombro derecho de la educadora y finalmente se va con otro "¡sst!" y un arco hacia arriba, y desaparece detrás de la espalda. Mirar al niño con una sonrisa.

El "sssss" se canturrea con voz profunda y alternando entre elevar y bajar la voz. El "¡Guililililililil!" se habla en tono agudo y tierno, sin cambiar la altura del tono.

Es importante que la educadora deje que la mosca aterrice primero en su propio cuerpo y que le haga las cosquillas a ella, así los niños superan su aversión al insecto y les entran ganas de que la mosca se acerque también a ellos.

Al principio la mosca debería llegar y hacer cosquillas dos veces como máximo. Después el niño pedirá más visitas de la mosca e incluso indicará el lugar donde quiere que se pose: en su cuerpo o en otro sitio. Finalmente, al niño le hará ilusión hacer la mosca él mismo y determinar dónde se posa –en su propio cuerpo, en el cuerpo de otra persona o en otro lugar. Hay que estar abierto a las ideas de los niños. Este juego es el prototipo de un encuentro lúdico y afectivo.

Na - nu - na

1		Las manos se encuentran a cada lado de la cara, con las palmas hacia el niño y el pulgar tocando las mejillas. Al hacer el juego en la cara del niño, las manos hacen el mismo gesto pero tocando las mejillas del niño con el dedo meñique.
2	¡Na - nu - na! 	Las dos manos dan un giro de 180° para tapar la cara de manera que los dedos cubren la frente desde las cejas para arriba. Posicionar los dedos dejando que trasluzca un poco de luz. (Al hacer el juego en la cara del niño, los dedos apenas tocan su piel).
3	¡No está!	Dejar las manos paradas tapando la cara.
4	Sa - se - sí	Destapar la cara dando un giro con las manos hacia la posición inicial. Al girar la mano, el pulgar es el eje del movimiento (al hacer el juego en la cara del niño, el eje es el dedo meñique).
5	¡Sí está aquí!	Sonreír al niño saludándole con la cabeza.
6	¡Na - nu - na!	Como en el paso número 2.
7	¡No está!	Como en el paso número 3.
8	Sa - se - sí	Como en el paso número 4.
9	¡Sí está aquí!	Como en el paso número 5.
10	¡Na - nu - na!	Como en el paso número 2.

11 Sa - se - sí	Destapar la cara como arriba, esta vez dejando más distancia entre la cabeza y las manos. Las palmas hacia el niño.
12 ¡Está aquí!	Realizar un gesto sonriente, alegre y abierto. Alargar la "i" en "aquí", expresando la sorpresa y alegría de haber encontrado el niño.
13 ¡Sí, sí, sí, mi niño	Poner las dos manos sobre el esternón, una sobre la otra.
14 está aquí!	Si la educadora realiza los gestos en su propio cuerpo, hace un gesto afirmativo con la cabeza y le da al niño un toque en la nariz, o bien le da un abrazo. Si la educadora realiza los gestos en el cuerpo del niño, sólo hace el gesto afirmativo con la cabeza.

Todos los niños pequeños disfrutan con el juego de desaparecer y volver a aparecer. Con sólo tener los ojos tapados, el niño tiene la sensación de haber desaparecido de verdad.

Sería un error hacer comentarios del tipo "¡Pero si aún estás aquí!". Tenemos que comprender y aceptar el deseo del niño de vivenciar lo que significa ocultarse. La capacidad de irse, despedirse o desaparecer, pero saber volver a aparecer y estar disponible, forma parte natural de la biografía de una persona. Es la base del desarrollo de la futura conciencia de libertad.

Zip zap zip zap

1	Zip - zap - zip - zap ¿Quién	Alternando entre el dedo índice y el dedo del corazón, tocar con delicadeza una tras otra las uñas de la mano del niño, desde el pulgar hasta el dedo meñique. El niño tiene los dedos relajados y ligeramente enrollados.
2	viene aquí?	Otra vez alternando entre el dedo índice y el largo, tocar uno tras otro los nudillos de la mano del niño, desde el meñique hasta el índice.
3	¡El hombrecito	Una vez más, alternando entre dedo índice y dedo del corazón, tocar uno tras otro los nudillos en las raíces de los dedos, desde el índice hasta el meñique.
4	Saltarín, saltarín, saltarín!	Mover todos los dedos tamborileando en la palma del niño.
5	¡Ay ay!	Envolver la mano del niño con una mano o dos manos, y apretarla cariñosamente.

En este juego los golpecitos con las yemas y los tamborileos también se pueden realizar en otras partes del cuerpo. Desde la mano hasta el codo, desde el codo hasta el hombro, desde el pie hasta la rodilla, desde la rodilla hasta la barriga, desde la rodilla hasta las nalgas, desde la barriga hasta el cuello, dependiendo de donde disfrute más el niño.

Al realizar este juego en el pie del niño, se comienza por el dedo gordo y se avanza hacia el pequeño. A continuación, análogamente a los pasos número 2 y 3, se vuelve al dedo gordo y se vuelve a avanzar hasta el pequeño. En *"saltarín, saltarín, saltarín"*, se tamborilea con los dedos en el dorso del pie, y en *"ay ay"*, se aprieta cariñosamente el pie con las manos.

El baile

1   Moncho, el gordito,
      P
    Lisa, la esbelta
      I

Coger la mano derecha del niño con la mano izquierda. Con las yemas de los dedos de la mano derecha, acariciar uno a uno los dedos del niño desde la raíz hasta la yema empezando por el pulgar del niño. Al decir el nombre, apretar y sacudir levemente la yema del dedo, parecido al gesto de apretar la mano. Moncho es el dedo pulgar y Lisa es el dedo índice.

2   Pablo, el más alto,
      C
    la coqueta Mar,
        A

Realizar los mismos gestos en el dedo del corazón (Pablo) y el dedo anular (Mar).

3   y Manuela, la pequeña –
      M

Realizar el mismo gesto en el dedo meñique (Manuela).

4   se ponen a bailar.
      M A C I P

Con el dedo índice, realizar cinco toques cariñosos y airosos en cada dedo, sincronizados con las cinco sílabas:

"po - nen - a - bai - lar"

(en este orden: meñique - anular - corazón - índice - pulgar).

5   bailan lentos:
      P I C A

Bailar con los dedos en la mano del niño, dando vueltas alrededor del centro de la palma. Las yemas del dedo rozan la palma ligeramente. Se empieza con el pulgar (P) en la primera sílaba, "bai", seguido por el dedo índice (I), el dedo del corazón (C) y el dedo anular (A).

6	la - la - la - la **M P I C**	Continuar el baile empezando con el dedo meñique (M) en la primera sílaba, "la". Se mantiene el mismo compás de cuatro tiempos, acorde con las cuatro sílabas de la línea anterior.
7	bailan la – la **A M P I**	Continuar el baile con el mismo ritmo y el orden de los dedos, empezando con el dedo anular (A) en la primera sílaba, "bai".
8	la - la – laa. **C A M**	Continuar el baile con las mismas reglas, terminando con el dedo meñique en la última sílaba "laa". Esta última sílaba se pronuncia con una duración del doble de la anterior para mantener el compás de cuatro tiempos.
9	Bailan, bailan más ligeros, **P I C A M P I C**	Acelerar el ritmo sin dejar de mover las yemas del dedo en la palma del niño; en cada sílaba, los dedos dan otro paso. Sólo a partir de "más ligeros" bailan libremente, dando toques más fuertes en la palma. Al bailar los dedos se mueven alrededor del centro de la palma.
10	¡Lala-lala-lala-laa! --- !Lala-lala-lala-laa! ---	Después de cada "Lala-lala-lala-laa", hacer una pequeña pausa (la duración de la pausa equivale más o menos al tiempo que se necesita para pronunciar el "Lala-lala-lala-laa". El "Lala-lala-lala-laa" mismo se pronuncia rápido y sin pausa.

11 ¡Lala-lala-lala-laa! --- ¡Alto!	Después del "Lala-lala-lala-laa", hacer una pequeña pausa. En "¡Alto!", dar una leve palmada en la palma del niño, como para decir "¡Alto, basta!"
12 ¡Ya!	En "¡Ya!", acariciar la mano del niño desde la muñeca hasta las puntas de los dedos. Después replegar los dedos del niño y envolver cariñosamente su puño con las manos, apretándolo levemente. En este paso, la educadora se puede tomar tanto tiempo como desea.

La educadora debe intuir si es adecuado repetir todo el juego o solamente los últimos versos desde "Lala-lala-lala-laa" (en el paso número 10) hasta el final.

El juego se puede repetir con la mano izquierda del niño, o se repite incluso una tercera vez, ahora volviendo a la mano derecha. Una vez familiarizados con el juego, a los niños les gusta hacer los gestos en la mano de la educadora, sobre todo el baile rápido.

Aya baya bito

Se introduce el juego con "Te voy a regalar una cosita".

1	*En silencio:*	Formar con las dos manos un "tejado" en la cabeza del niño.
2	Aya - baya -	Bajar las manos a lo largo de las sienes y mejillas sin apenas tocarlas ("gesto airoso"), hasta que las muñecas toquen las mandíbulas.
3	bito	Apretar suavemente las mejillas con las palmas.
4	*En silencio:*	Quitar las manos y mirar al niño.
5	Te doy un	Al hablar, asentir con la cabeza.
6	pellizquito.	Pellizcar las mejillas muy suavemente.
7	*En silencio:*	Volver a hacer el "tejado" en la cabeza del niño.
8	Aya - baya -	Como en el paso número 2.
9	Ba.	Como en el paso número 3.
10	Pim - pom	Pim: dar un pellizco muy suave con el pulgar y el dedo índice de la mano derecha en la nariz. Pom: dar un pellizco muy suave con las dos manos en las mejillas, como arriba.
11	Ya.	Coger las mejillas del niño en las dos manos y apretarlas con delicadeza. Al hacer este gesto, se puede inclinar la propia cabeza hacia la cabeza del niño. En lugar de apretar las mejillas, también se puede coger el niño en los brazos. Tomarse mucho tiempo para pronunciar el "Ya".

Cuanto más pequeño sea el niño, más sensible es en la zona de la cabeza y del tórax. Sólo a partir de los dos años y medio acepta ser tocado en esas zonas. Sin embargo, cuando un niño de esta edad observa que se hace el juego con niños mayores, puede ocurrir que pida el "regalo" para sí mismo. Más adelante, lo habitual será que quiera hacer los gestos en la cabeza de la mamá.

Todos los cinco

1   Éste es muy gordo,
      éste es puntiagudo,
      éste es muy largo,
      éste es el delgaducho,
      éste es el menudo.

2   ¡Y todos son tuyos!

Paso 1: (Éste es muy gordo, éste es puntiagudo, éste es muy largo, éste es el delgaducho, éste es el menudo). Desde el pulgar hasta el meñique ir cogiendo con las yemas la falange superior de cada dedo del niño y, al mencionar el nombre de ese dedo, flexionar la falange ligera y suavemente hacia atrás. Todos los movimientos deben ser suaves y airosos.

Paso 2: (¡Y todos son tuyos!): Desde el dedo meñique hasta el pulgar, ir tocando alegremente con la punta de nuestro dedo índice cada una de las uñas del niño.

Sincronizar los cinco toques con las cinco sílabas: "y - to - dos - son - tu". En la última sílaba "-yos", cerrar la mano del niño para que forme un puño, envolver el puño del niño con la mano, y mecerlo cariñosamente.

Paso 3 (opcional): Repetir el texto con la siguiente variación:

Empezando con el pulgar, ir acariciando cada dedo del niño con un solo dedo, deslizándolo cariñosamente desde la punta hasta la raíz. Se hace por el lado interior de los dedos.

Paso 4 (opcional): Repetir una vez más el gesto final de "¡Y todos son tuyos!"

La educadora no debe tener las manos frías. El transcurso del juego se puede componer de los pasos 1 y 2 o de los pasos 1 a 4. Los cuatro pasos juntos duran más o menos un minuto y se pueden repetir hasta tres veces. Durante el juego también se puede aplicar una gota de aceite hidratante en los dedos del niño o en la mano de la educadora.

Tripe - trape - tripe - trap

1	Tripe - trape - tripe - trap -	La mano derecha hace de mariquita. Anda desde la cadera hasta el muslo derecho, moviendo todos los dedos con agilidad.
2	Con sus pequeñas patitas	Seguir andando hasta la mitad del muslo, trazando una curva.
3	viene una mariquita.	Seguir andando hasta la rodilla y, al llegar, descansar sobre ella.
4	Tripe - trape - tripe - trap -	Iniciar el regreso a la posición inicial (cadera), recorriendo la mitad del camino entre la rodilla y la cadera en línea casi recta.
5	Mariquita - mariquita	Seguir regresando, casi hasta la cadera, ahora en línea curva.
6	En una hoja se cobija.	Poner la mano izquierda en el muslo izquierdo y formar una casita de hojas con la mano hueca. La mariquita (la mano derecha) se acerca a la casita, se esconde en ella y no sale más.
7	Allí va a descansar.	Mantener las manos inmóviles. Hablar despacio y melodiosamente, casi cantando. Tomarse tiempo antes de, finalmente, deshacer el gesto.

Este juego se realiza pasando la mano sobre el muslo, pero también se puede realizar como juego de tacto en el cuerpo del niño. Por ejemplo, las manos del niño, su axila u otras partes del cuerpo pueden servir de casita de hojas. El niño puede hacer la mariquita con su mano en el cuerpo de la educadora. Se puede hacer el insecto con la mano derecha o con la mano izquierda. Al final se le puede cantar a la mariquita una nana en el ambiente de la quinta.

Gota gotita

1	*En silencio:*	Alzar las manos sobre la cabeza sin extender los brazos de todo. Las palmas miran hacia los niños, pero están ligeramente inclinadas hacia el suelo. Las puntas de los dedos harán de gotas.
2	Gota – gotita	Hacer las gotas moviendo las puntas de los dedos. Al mismo tiempo bajar las manos.
3	cae en la cabecita	Seguir bajando las manos hasta que, en la palabra "cabecita", lleguen a tocar la cabeza.
4	*En silencio:*	Volver a alzar con calma las manos hasta su posición inicial.
5	Gota – gotita	Como en el paso número 2.
6	cae en la nariz.	En la "i" de "nariz", tocar la nariz del niño con delicadeza. Alargar la i.
7	*En silencio:*	Volver a alzar con calma las manos hasta su posición inicial.
8	Gota – gotita	Como en el paso número 5.
9	cae en la hierbecita.	En la "i" de "hierbecita", tocar con delicadeza la parte del cuerpo del niño que corresponda: si el niño está sentado, la lluvia cae hasta sus muslos; si el niño está acostado, la lluvia cae hasta sus pies. Pronunciar la "i" de "hierbecita" lentamente.

10	*En silencio:*	Volver a alzar con calma las manos hasta su posición inicial.
11	Gota que cae	Como en el paso número 2.
12	cae - cae - cae.	En el primer "cae", las puntas de los dedos han llegado a la cabeza del niño. Desde allí la lluvia sigue cayendo, tocando los brazos y las manos del niño suave y cuidadosamente. El movimiento que acompaña los dos últimos "cae, cae" termina en los muslos o en los pies del niño.

Se puede repetir el último paso, esta vez con la lluvia cayendo en la espalda del niño, empezando en su cabeza.

La educadora puede poner al niño en su regazo, abrazarlo con un brazo y realizar el juego con la mano del otro brazo.

El pajarito en el árbol

1   Hay un pájaro en el nido   Apuntar hacia un árbol imaginario en la lejanía.

2   tan pequeño, tan pequeño, que está muy escondido   Poner la mano en la frente buscando el pajarito con la mirada.

3   Pero se oye bien su canto.   Poner la mano detrás de la oreja para escuchar el canto.

4   ¡Pío-piiio! -- ¡Pío-piiio! -- ¡Pío-piiio!   Con el dedo pulgar y el dedo índice, hacer el pico del pájaro. Los demás dedos quedan doblados. Abrir el pico en cada "i" de "pío", y cerrar el pico en la "o".

5   ¡Cómo canta el pajarito!   Poner la mano detrás de la oreja como antes.

6   ¡Pío-piiio! -- ¡Pío-piiio!   Abrir y cerrar el pico como antes.

7   ¡Te quiero, mi niño! -- ¡Te quiero, mi niño!   Continuar el gesto abriendo el pico en "quie" y "mi".

     Y yo también.   Hacer una caricia al niño.

Así hace el caracol

1 Desde su casa el caracol

La mano derecha del niño (puño relajado) está colocada sobre la palma de la mano izquierda de la educadora. Comenzando con el dedo índice en el centro de la mano del niño, trazar una espiral en sentido horario hasta llegar al pulgar del niño. Hacer el movimiento en cámara lenta, vocalizando las palabras pausadamente y con entonación melódica.

2 Saca los cuernos.

Juntar el pulgar y el dedo índice. Introducir las yemas del pulgar y del dedo índice entre la raíz del pulgar y del dedo índice del niño. Pasar las puntas de los dos dedos entre los dos dedos del niño para abrirlos. Una vez llegado a las yemas de los dedos del niño (que son los cuernos del caracol), parar y mirarlos en silencio.

3 ¡Ton, ton!

Con las yemas del pulgar y del dedo índice, tocar muy ligeramente los dos "cuernos", como se haría en los cuernos de un caracol real. Esto puede hacerse por sorpresa, pero no debe provocar un susto.

4 Vuelve a retirar sus cuernos,

Volver a plegar los dedos del niño hasta que estén enrollados en el puño como antes.

5	y vuelve, vuelve para dentro.	Trazar una espiral hacia adentro hasta llegar al centro de la mano del niño. En "dentro", hacer leves cosquillas con el dedo índice en la mano del niño.
6	¡El caracol!	Con las dos manos, envolver cariñosamente el puño del niño: el caracol está seguro y protegido dentro de su casa.

Los toques de este juego también se pueden realizar en las palmas del niño. En este caso hay que tener cuidado porque el centro de la palma del niño (el área del yo) es especialmente sensible. Cuanto más pequeño sea el niño, con más delicadeza hay que hacer el juego.

También es posible alternar entre el dorso de la mano y la palma, dependiendo de lo que sea más agradable para el niño.

Finalmente, el niño puede hacer los gestos en la mano de la madre o de la educadora.

Una visita

La mano derecha hace de mariposa. Todos los dedos están juntos y extendidos, también el pulgar. Los dedos son las alas de la mariposa. Para volar, subir la mano con la palma hacia abajo. Desde las raíces de los dedos (no desde la muñeca), mover los dedos ágilmente hacia arriba y hacia abajo. Los dedos siguen siempre extendidos.

1 Vuela – vuela la mariposa,

"Vuela – vuela": Hacer con la mano una curva de izquierda a derecha, alargada y suave, cóncava hacia arriba.

"Mariposa": Hacer el mismo gesto en la otra dirección, volviendo a la posición inicial.

2 va volando hacia ti.

Partiendo de la parte izquierda del pecho, la mariposa traza en el sentido antihorario una curva en forma circular hasta posarse en la cabeza del niño.

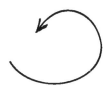

3	Se sienta en la frente	Sacar la punta del dedo índice del puño relajado; ahora la punta del dedo es la mariposa. En el momento en que se dice la parte del cuerpo donde se sienta la mariposa, se toca ligeramente esa parte con la punta del dedo.
4	en los ojos	"En": la "mariposa" toca ligeramente entre la pestaña y el ojo cerrado derecho del niño.
		En la "o" de "ojos" se hace el mismo gesto en el ojo izquierdo del niño.
5	en la nariz.	Quedarse "sentado" un rato en la nariz del niño, con la punta del dedo. Para realizar el gesto, primero aterrizar en la nariz justo cuando se pronuncia la "i" de "nariz"; a continuación, seguir tocando la nariz y alargar la "i". Mientras tanto, realizar con el dedo el gesto de hacer cosquillas.
6	Luego en las mejillas,	La mariposa hace dos curvas (como saltando), desde la nariz a la mejilla derecha y desde la mejilla derecha a la mejilla izquierda.
7	luego en la barbilla,	Como antes en la nariz, quedarse sentado en la barbilla haciendo cosquillas.
8	Y al final un besito te da.	En "final", despegar de la barbilla y en "da", poner la mariposa con un poco de presión en el labio superior.

9   Y se va, volando va:

La mariposa hace el movimiento parecido al del primer paso pero al revés, trazando en el aire una curva desde la cabeza del niño hacia abajo.

10   Vuela – vuela – vuela – va

La mariposa vuela dando vueltas cada vez más grandes, en las que la mano de la educadora se mueve cada vez más al extremo derecho.

11   Vuela – vuela – vuela – voy

Ampliar las vueltas que da la mariposa, hacia la derecha

12   Niño, adiós, me voy.

Seguir ampliando las vueltas que da la mariposa hasta que la mariposa sale volando hacia la derecha.

Ma – ra – mee

Si el niño está en brazos de la educadora, se le toca un pie con la mano libre. Si el niño está sentado o acostado, se le tocan los dos pies con ambas manos de la educadora.

1   Ma - ra - mee,
     5   4
ma - ra - mee
    3   2

Con la punta del dedo índice, tocar muy levemente los dedos del pie del niño, empezando con la sílaba "Ma" en el dedo pequeño (5). En total jugaremos con cuatro dedos, que serán el pequeño y los tres dedos siguientes (4, 3, 2), y tocaremos cada uno de ellos en las sílabas tónicas: ma, mee, ma, mee.

2   Dedo gordo de tu pie.

Frotar con cariño el dedo gordo del pie del niño empleando el pulgar, el índice y el dedo del corazón.

3   Ma - ra – mee,
     1   2
ma - ra - mee
    3   4

Como arriba pero empezando en el dedo gordo (1) del pie.

4   Dedo pequeño de tu pie.

Como arriba, pero frotando el dedo pequeño.

5   Ma - ra - **mi**ta,
ma - ra - **mi**ta.

Con la punta del dedo índice, empezar dando leves toquecitos en el empeine del pie del niño e ir subiendo por la tibia hasta la rodilla. En total son cuatro golpecitos, que se realizan en las sílabas tónicas: ma, mi, ma, mi.

6	¡Tan redonda la rodilla!	En "redonda", pronunciar la palabra con lentitud y dar vueltas suaves con las puntas de los dedos alrededor de la rodilla. En "rodilla", cercar la rodilla y hacerle caricias.
7	M**a** - ra - **mi**ta, m**a** - ra - **mi**ta.	Con la punta del dedo índice, empezar dando leves toquecitos en el muslo e ir subiendo hasta la barriga del niño. Otra vez son cuatro toquecitos, que se realizan en las sílabas tónicas: Ma, mi, ma, mi.
8	¡Tan gordita la barriga!	En "redonda", pasarle al niño cariñosamente la mano por encima de la barriga. En "barriga", dejar reposar las manos sobre ella y hacer caricias.
9	**Ma** - ra - **mi**ño, **ma** - ra - **mi**ño.	Dar leves toquecitos an la mano, como arriba, en las sílabas tónicas: Ma, mi, ma, mi.
10	Te quiero, mi niño.	Coger la mano (o las manos) del niño y dar un apretón cariñoso.
11	**Ma** - ra - **mi**ño, **ma** - ra - **mi**ño.	Como arriba.
12	Taaanto, taaanto	Abrir los brazos y sonreír al niño.
13	mi cariño.	Dar un abrazo cálido y largo al niño, y mecerlo cariñosamente en brazos.

A los niños muy sensibles o hipersensibles como los niños autistas, no se los abraza sino que se les coge la mano entre las nuestras.

Canciones en ambiente de quinta

La buena guarda

Narracioncita musical acompañada por gestos. Con aire lento y calmante, (compás partido). Melodía: Wilma Ellersiek. Traducción: Inés Gámez

SEÑALES MUSICALES:

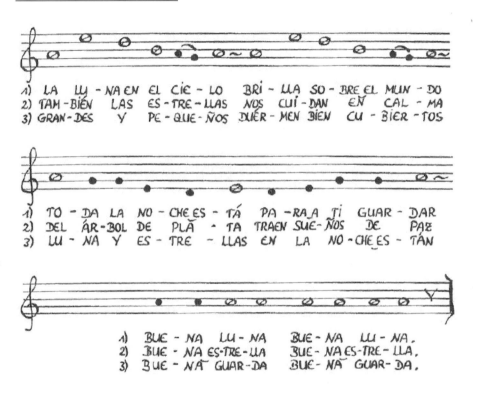

$\oslash$ = pulsación larga, $\bullet\bullet = \oslash$, $\sim$ = alargar el sonido,

$\vee$ = silencio equivalente de la duración de pulsación larga,

‾‾‾‾ tiempo de espiración continuada

54

1	*En silencio*:	Colocar las manos de manera que formen un cuenco y miren hacia la propia cara. Subir las manos en posición vertical, con las palmas hasta la altura del esternón.

2	La luna en el cielo	Cantando, alzar lentamente la luna.
3	Brilla sobre el mundo	Seguir subiendo la luna hasta "mundo". En ese momento, la luna está justo delante de los ojos de la educadora.
4	Toda la noche está	Mantener el gesto..
5	Para a ti guardar	Seguir manteniendo el mismo gesto hasta "guardar".
6	¡Buena luna!	Seguir subiendo la luna hasta que la muñeca esté a la altura de la nariz.
7	¡Buena luna!	Seguir subiendo la luna hasta "luna". detener el movimiento para dejar que la luna brille durante un instante.

8 **Tam**bién **las** es**tre** **llas**
    *   *   *   *
    d   i   d   i

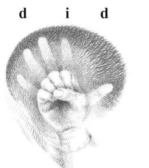

En cada sílaba fuerte (Tam – las - rre), y después de la última sílaba "llas", extender los dedos hacia arriba y cerrarlos en seguida, centelleando. En estos gestos se alternan las manos. Se empieza con la mano derecha a la altura de la sien; después el mismo movimiento con la mano izquierda, a la misma altura. En las últimas dos sílabas tónicas, las manos están más elevadas que en el movimiento anterior.

9   nos cui-dan en ca-al-ma

Llevar las manos, palma a palma, a la mejilla izquierda. En "calma" dejar que la cabeza repose sobre las manos, haciendo el gesto de dormirse como se ve en la ilustración.

10   del ár-bol de pla-a-ta

Extender los brazos como ramas del árbol, con las manos un poco más altas que la cabeza. Las manos y dedos hacen el gesto de las ramas del sauce.

11   Traen sue-ños de paz

Mantener la postura de los brazos pero con las manos hacia arriba, a una altura un poco superior a la de la cabeza. Inclinar la cabeza y las manos un poco hacia atrás.

12   ¡Bue-na Es-tre-lla!
       d   i

En las sílabas tónicas, "Bue - tre", extender los dedos hacia arriba y cerrarlos en seguida, centelleando. Primero con la mano derecha, después con la mano izquierda.

13   ¡Bue-na Es-tre-lla!
       d   i

Repetir el movimiento anterior, con las dos manos más elevadas que en el paso anterior.

| 14 | Gran-des y peque-e-ños | En "grandes", palpar cariñosamente con las dos manos la cabeza imaginativa de un "niño grande"; en "pequeños", repetir el mismo gesto a la altura del tórax, como se ve en la ilustración. |

| 15 | duer-men bien cubie-er-tos | Juntar las palmas y hacer el gesto del paso número 9. |

| 16 | Lu-na y estre-e-llas
　　　　　*
　　　　　d | En "luna": Poner la luna delante de la cabeza como arriba, de forma que la luna esté justo encima de los ojos de la educadora.
En "estrellas": hacer los gestos de las estrellas centelleantes de arriba. En la "e" de "e-ellas": hacer el gesto con la mano derecha. |

| 17 | en la no-che están.
　*　　　　*
　i　　　　d | En "en" : hacer el primer centelleo con la mano izquierda; en "tan": hacer el otro centelleo con la mano derecha. |

| 18 | ¡Bue-na Guar-da!
　*
　i | En "Bue": hacer el último gesto centelleante con la mano izquierda |

| 19 | ¡Bue-na Guar-da! | Hacer salir la luna como al principio. Tomarse mucho tiempo. |

Epílogo:

| A | Todos, todos se duermen. | Dejar reposar la cabeza en las manos plegadas como arriba. |

B   Los barcos en el puerto,

Formar un barco con las manos y mecerlo suavemente en el centro sobre los muslos.

C   Los pájaros en el nido

Hacer un nido con la mano izquierda y hacer un pájaro (el pulgar y el dedo índice son el pico) con la mano derecha. En "nido", el pájaro se coloca en el nido.

D   Se duermen tranquilos

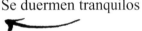

Mecer suavemente el nido con el pájaro dentro hacia la izquierda.

E   Se duermen tranquilos

Mecer suavemente el nido con el pájaro dentro hacia la derecha.

F   Sí, todas las flores

La mano izquierda y la mano derecha son dos flores, a la altura de la cabeza. En cada mano, las yemas de los dedos se dirigen hacia arriba tocándose la una a la otra.

G	y árboles	Juntar las yemas de ambos manos encima de la cabeza formando un círculo con los brazos y las manos.
H	tienen ya sueños felices. 	Manteniendo los brazos a la misma altura, girar las palmas hacia arriba. Los brazos forman una U, las manos están en posición casi horizontal, haciendo un gesto receptivo.
I	Sí, todo el mundo duerme. 	Bajar los brazos a la altura de la cabeza, coger con cada mano los antebrazos, bajar la cabeza, poniendo la frente casi encima de los brazos.
J	Sólo las estrellas	Hacer una vez más el gesto del centelleo como en el paso número 8: en "só" con la mano derecha, en "llas" con la mano izquierda.
K	y la luna	En "luna", poner la luna debajo de los ojos.
L	desde el cielo nos protegen.	La luna (que sigue en la posición del paso anterior) está en el cielo y envía su luz. No mirar a los niños; de otra manera pueden distraerse y no mirar a la luna.

Todas las estrellas

Melodía: Wilma Ellersiek

SEÑALES MUSICALES:

● = una pulsación, ⊘ = ●●, ⊘• = ●●●, ⌢⊘ = ●●●●●●,

~ = alargar el sonido, ⌢ = tiempo de espiración continuada

60

1 En el cielo las estrellas

Con los dedos extendidos, subir las manos ligeramente por encima de la altura de la cabeza. En "estrellas", detener el movimiento hacia arriba.

2 miran, miran nuestra tierra.

Bajar las manos, con los brazos ligeramente inclinados hacia delante. En "nuestra tierra", detener el movimiento hacia abajo.

3

Alternando entre mano derecha (d) e izquierda (i), realizar el gesto de las estrellas. Al abrirse la mano, se mueve ligeramente en dirección de los niños. Antes de llegar a extender los dedos de todo, dar un impulso final para representar el fulgurar de las estrellas.

Brillan y brillan
   d   **i**

en la oscuridad.
     d   **i**

4 todas, todas,
  d   **i**

Como en el paso anterior.

5 ¿cuántas serán? 	Aún en la altura de la cabeza, girar las manos de modo las palmas miren hacia arriba, realizando un gesto de duda. Alzar la cabeza mirando al cielo.
6 En el cielo las estrellas 	Volver al gesto de los dedos extendidos, con su lado palmar mirando hacia los niños, como en el paso número 1.
7 miran, miran nuestra tierra.	Como en el paso número 2.
8 Las estrellas	Como en el paso número 1.
9 todas contemplan	Bajar las manos y juntarlas de modo que las palmas y los dedos se unan.
10 a los niños que se acuestan. 	Llevar las manos, palma a palma, a la mejilla izquierda. En "que se acuestan", dejar que la cabeza repose sobre las manos, haciendo el gesto de dormirse.
11 En las alturas fulguran y brillan,	Como en el paso número 3, en la altura de la cabeza.

12	desde lejos, saludos te envían.	Las dos manos, a la altura del pecho y mirando hacia los niños, saludan tres veces (_) inclinándose hasta que las palmas miren hacia el suelo. Al agitar las manos así por tercera vez, alargar la sílaba "ví" de "envían" y realizar el movimiento con un gesto de protección.
13	Las estrellas	Como en el paso número 8.
14	desde arriba contemplan	Como en el paso número 9.
15	a los niños que se acuestan.	Como en el paso número 10.
16	Mm-mm-mm mm-mm-mm.	Mantener el gesto anterior y mecer suavemente el cuerpo con un gesto de acunar.
17	*En silencio*:	Quedar sentado en silencio durante un momento, y resolver el gesto con delicadeza.

Juegos de movimiento rítmico

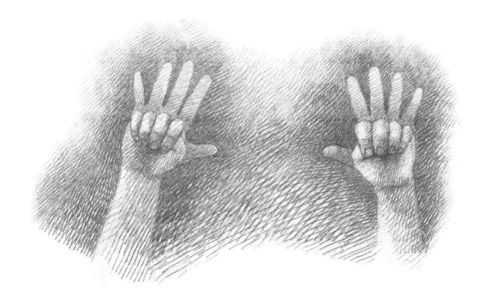

Watsche – watsch

1   Watsch - watsch - watsch - watsch
          d   i   d   i
    watsche - watsch
          d   i

Con las palmas, alternando entre mano derecha (d) e izquierda (i), dar golpes sobre los muslos, coincidiendo con la vocal A de cada "watsch". Después de cada golpe, volver a levantar la mano con ligereza. El cuerpo acompaña las manos inclinándose hacia el lado donde la mano está tocando el muslo. Empezar con la mano derecha.

2   Tatsch – tatsch - tatsch - tatsch -
          d   i   d   i
    tatsche - tatsch
          d   i

En el primer "tatsch", apuntar con los dedos índice extendidos hacia abajo tocando con ellos los muslos cerca de las rodillas. En los cinco "tatsch" siguientes, ir subiendo con los golpecitos dados con las puntas de los índices, desde los muslos hasta las clavículas. Empezar con la mano derecha.

3   Ratsch - ratsch - ratsch - ratsch -
      ↓↑   ↓↑   ↓↑   ↓↑
    ratsche - ratsch
      ↓↑   ↓↑

Hacer puños con las dos manos. El pulgar reposa sobre el dedo índice. Mover las manos, a la altura del pecho, de manera que las uñas se rasquen suavemente. Empezar con la mano derecha hacia adelante y la mano izquierda hacia el pecho. Realizar movimientos ligeros, no realizar impulsos fuertes.

4	Batsch - batsch - batsch - batsch - x x x x batsche - batsch x x	Con los dedos de la mano derecha, dar seis palmadas en las palmas de la mano izquierda, con un gesto airoso y suelto al compás del texto.
5	Fatsch - fatsch - fatsch - fatsch - →← ←→ →← ←→ fatsche -- →←	Alzar los brazos y manos hasta la altura de la cabeza. Rotar las manos desde la muñeca, primero las palmas hacia adentro (→←) y después hacia afuera (←→).
6	Fatschschsch -- O 	En este último giro de las manos hacia afuera, tomar impulso para estirar las manos hacia arriba. Las palmas miran hacia afuera y los dedos están abiertos. Mantener este gesto durante un rato y mientras tanto dejar sonar el "sch".
7	Sch – sch – sch – sch – sch – sch – 	Llevar las dos manos a la boca, con un movimiento pausado y calmado. Seguir articulando el sonido "sch". En el momento en que las manos llegan a la boca, el "sch" deja de sonar.
8	*En silencio:*	Llevar las manos detrás de la espalda y hacer un gesto afirmativo con la cabeza.

Los pasos anteriores se pueden repetir con las vocales E, I, O, U. También se pueden usar sonidos que no existen en castellano pero sí en otros idiomas. Por ejemplo, el sonido alemán "Ö" que corresponde al diptongo francés "eu" (por ejemplo en la palabra "feu"). Al repetir el juego se puede introducir un cambio de ritmo, acelerando o ralentizando el proceso del juego.

Niki

1 *En silencio:* La mano derecha hace un puño, el pulgar toca los demás dedos cerca de las uñas. Las uñas miran hacia los niños.

2 Niki es un **hom**bre**ci**to En "Niki", erguir el dedo meñique en posición vertical. En cada una de las sílabas tónicas, "hom" y "ci", hacer un "pinchazo" hacia arriba y en dirección de los niños.

3 que miedo, no tiene. Sacudir el puño con el dedo meñique como diciendo "no".

4 Es pequeño y tan menudo. Acercar el puño hacia el cuerpo, a la altura del pecho; el pulgar está del lado del cuerpo y el dedo meñique (Niki) del lado de los niños. Indicando lo pequeñín que es Niki, el dedo meñique abandona la posición erguida y se pone encorvado. Antes de seguir hablando, hacer un puño con la mano izquierda y colocarlo sobre el muslo izquierdo. La yema del pulgar de la mano izquierda toca la punta del dedo índice. La mano representa un hueco.

5 Se mete, él solito, Hacer descender a Niki a la "cueva", realizando una curva hacia abajo con la mano derecha.

6	en un hueco muy oscuro. 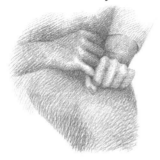	Niki (el dedo meñique) se mete en el hueco de la mano izquierda hasta casi desaparecer.
7	¡Huuuuu! – ¿Bu - buu?	Niki se mueve en la cueva girando en torno a su eje. Exclama "¡Huuuuu!" con un tono valiente. Sigue el "¿Bu - buu?" con un tono más bajo y vacilante". Durante todo el tiempo, alargar las vocales, pero sin dramatizar, si no, los niños se asustan.
8	¡Huuuuu! – ¿Bu - buu?	Repetir las voces como en el paso anterior.
9	*En silencio:*	Dentro de la cueva, Niki no se mueve. Escuchar atentamente para comprobar si se oye algo dentro de la cueva.
10	Sale afuera.	Sacar el dedo meñique de la cueva.
11	¡Aaahh!	Niki se yergue para adoptar la posición vertical anterior. Observar a Niki con alivio. Pronunciar el "Aaahh" respirando aliviado. La espiración debe ser bien perceptible.
12	¡Aquí está! ¡Aquí está!	Con un gesto impulsivo de valentía, alzar el dedo meñique a la altura de la cabeza. Mantener el dedo parado como diciendo "!Mirad!", y exclamar dos veces con voz clara: "¡Aquí está!". En cada sílaba tónica de "¡Aquí está!", mover el dedo meñique hacia adelante.

13	*En silencio:*	Girar hacia la izquierda el puño izquierdo en el muslo. Ahora el dorso de la mano mira hacia abajo.

| 14 | Dice: "herm**a**nos, ¡**ee**h, dej**a**d pas**a**r!" | Con la yema del dedo meñique de la mano derecha (Niki), dar un toque a cada una de las cuatro uñas de la mano izquierda, empezando por el dedo meñique. Los cuatro toques coinciden con las cuatro sílabas tónicas de "hermanos, ¡eeh, dejad pasar!". |

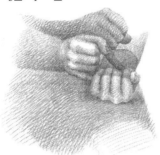

| 15 | ¡¡¡dejaad - paaa - sarrr!!! | Meter a Niki por debajo de los dedos doblados de la mano izquierda, haciendo un esfuerzo con "paaa - sarrr" para empujarlos hacia arriba hasta que la mano izquierda esté abierta de todo y repose llana sobre el muslo izquierdo. |

| 16 | Les hace "¡Cuchi - cuchi - qué!,"
 •   •   • | Niki les hace cosquillas a las palmas de la mano izquierda, en el ritmo de las tres sílabas tónicas de "cuchi -- "cuchi -- qué". |

| 17 | "¡cuchi - cuchi - qué!"
 •   •   • | Como en el paso anterior. |

18 ¡Iupi! Sale saltando.

Niki da tres leves toques en medio de la mano, cada uno en la sílaba tónica del texto. Rebota y se queda un momento suspendido en el aire. A continuación desaparece en el momento en que la educadora pone los dos puños en el regazo.

19 ¡Se fue!

Los dos puños desaparecen detrás de la espalda de la educadora. Exclamar "!Se fue!" en un tono alto.

Flip y Flap

Formar dos puños con las manos, envolviendo el pulgar con el resto de los dedos. Colocar los puños encima de los muslos.

1 Flip y Flap

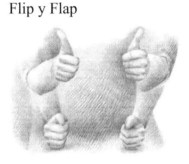

Presentar a Flip estirando el pulgar de la derecha hacia arriba; presentar a Flap estirando el pulgar de la izquierda hacia arriba. Al sacar los pulgares, las manos se levantan hasta la altura del corazón. Con los pulgares estirados, acercar una mano a la otra trazando en el aire un arco hacia arriba, hasta que los puños queden juntos y los pulgares se toquen el uno al otro.

2 **bai**lan los **dos**

    o   o

Ambos pulgares realizan un giro circular desde la raíz del dedo como sigue: primero (en "bailan"), el dedo derecho va hacia la derecha, el dedo izquierdo hacia la izquierda, ambos hacia el cuerpo de la educadora; en "los dos", ambos pulgares vuelven al centro, mientras apuntan hacia los espectadores.

3 divertidas ruedaruedas

    o ↑↑   o   o

En cada sílaba tónica volver a hacer circular los pulgares, salvo en la segunda sílaba tónica (en "ti" de "divertidas"), donde los pulgares dejan de circular y los puños dan un saltito hacia arriba.

4	ruedaruedas – ruedaruedas o o o o	Como en el paso anterior (esta vez sin el saltito).
5	bailan Flip y Flop de veras. o o o o	Hacer cuatro círculos como antes, en cada sílaba tónica. Al final, hacer una pausa corta. El baile se acabó.
6	Flip y Flap ↑ ↑	En "Flip", inclinar el pulgar derecho hacia adelante hasta que toque el dedo índice del puño, y volver a levantarlo. En "Flap", hacer el mismo gesto con el pulgar izquierdo hacia adelante hasta que toque el dedo índice del puño, y volver a levantarlo.
7	se **ba**lan**ce**an, se **ba**lan**ce**an ← → ← → 	En la primera sílaba tónica (ba), flexionar los dos pulgares paralelamente a la izquierda y en la segunda sílaba tónica (ce), a la derecha. Repetir el mismo movimiento en el segundo "se balancean".
8	de aquí -- a allá, ← → de aquí -- a allá ← →	En "quí", mover los pulgares hacia la izquierda; en "llá" hacia la derecha; y repetir los movimientos en el segundo "de aquí a allá".

9	se **ba**lan**ce**an, se **ba**lan**ce**an ← → ← →	Como arriba en el paso número 7.
10	ya no se balancean más ← → ↑↑ ↓↓	En "ya no" mover los pulgares hacia la izquierda; en "ba" (de "balancean") mover los pulgares hacia la derecha, como arriba. En "lancean" (de "balancean") los pulgares dejan de rotar y se quedan parados como al principio, apuntando hacia arriba. En la misma sílaba, alzar los puños un poco hacia arriba. En "más", llevar los puños a su posición anterior, reposando sobre los muslos. Los pulgares siguen verticales. Hacer una pequeña pausa.
11	Flip y Flap	Como arriba.
12	sal**tan**do es**tán** ↑↑ ↓↓	En "tan", los dos puños dan un salto hacia arriba y en "tán", hacia abajo. Hacer rebotar los puños en el muslo. Pequeña pausa.
13	Hop-op hop, hop-op hop ↑↑ ↓↓ ↑↑ ↓↓	Como arriba, seguir haciendo saltos con los puños. Ahora son dos saltos, dos veces hacia arriba y dos hacia abajo, como indican las flechas. Nuevamente los puños rebotan sobre los muslos.
14	saltan – saltan ↑↑ ↓↓	En el primer "saltan", los puños van hacia arriba; en el segundo, van hacia abajo.
15	Flip y Flap ↑↑ ↓↓	En "Flip", los puños van hacia arriba; en "Flap", van hacia abajo.

74

16	Saludan	Como arriba en "Flip y Flap"
17	¡Zas a su casita!	En "Zas", meter los pulgares en los puños.
18	y el juego se acabó.	Abrir los puños. Estirar los dedos hacia arriba y mostrar las palmas de las manos a los espectadores para que vean las manos vacías.

Tam y Tim

El dedo pulgar es la zona volitiva de la mano. En este juego, los niños pueden experimentar la orientación espacial: abajo – arriba, dentro – fuera, curvado – recto, delante – detrás. En relación con el lenguaje, el cambio es continuo entre los sonidos "I" y "A". Asimismo, se alternan los movimientos sueltos y los controlados y los movimientos con y sin contacto con el propio cuerpo.

1	*En silencio:*	Formar un puño con cada mano y apoyarlo sobre el dedo meñique en medio de cada muslo, con los pulgares envueltos por los demás dedos.
2	Tam y Tim: 	Se presentan Tam y Tim. Alzar el puño derecho y, al decir el nombre de Tam, erguir el pulgar en posición vertical. Hacer el mismo gesto con Tim. Hacer una pequeña pausa, después poner los puños a la altura del estómago, uno junto al otro.
3	Tip - tap - tip - tap - d i d i tip - tap - tip - tap. - d i d i	Tip: Poner el pulgar derecho sobre el dedo índice. Tap: hacer lo mismo en la mano izquierda; en el mismo momento se levanta el pulgar derecho. Alternar los movimientos de los pulgares; cuando baja el de arriba, sube el de abajo. Al final, los pulgares descansan un rato "acostados" sobre los dedos índice.
4	Tam y Tim:	Como más arriba, alzar el puño derecho y, al decir el nombre de Tam, erguir el pulgar en posición vertical. Hacer el mismo gesto con Tim y volver a dejar descansar los puños sobre los muslos.

| 5 | wip - wap - wip - wap - | En "wip", cruzar los pulgares inclinándolos hacia el centro, en "wap", inclinarlos en dirección lateral. Al final volver a poner los pulgares sobre los dedos índices doblados y mantener este gesto. |

wip - wap - wip - wap -
X   v   X   v
wip - wap - wip - wap. -
X   v   X   v

En "wip", cruzar los pulgares inclinándolos hacia el centro, en "wap", inclinarlos en dirección lateral. Al final volver a poner los pulgares sobre los dedos índices doblados y mantener este gesto.

6   Tam y Tim:

Como arriba.

7   Rima - rima - rimarima – rap. -

Poner los puños a la altura del estómago, uno junto al otro, con las uñas de los dedos mirando hacia abajo. Salen los dos pulgares y se ponen en posición horizontal. A continuación, en "rima – rima", giran libremente el uno en torno al otro. En "rap", girar los puños de modo que los dedos meñiques estén abajo. Finalmente volver a poner los pulgares sobre los dedos índice doblados, y volver a erguirlos.

8   Tam y Tim:

Como arriba.

9   clip - clap - clip - clap -
↓↑   ↓↑   ↓↑   ↓↑
clip - clap – clip
↓↑   ↓↑   ↓↑

Con cada sílaba, los pulgares se mueven rítmicamente hacia los niños y hacia el cuerpo de la educadora. Cuando el dedo derecho se mueve hacia adelante, el dedo izquierdo se mueve hacia atrás (hacia el cuerpo). Durante este movimiento los pulgares se rozan ligeramente. Para iniciar el movimiento, el dedo derecho se mueve hacia adelante, y el izquierdo hacia atrás.

10 y clap.

En "y", alzar los puños y abrirlos lentamente hasta que los dedos estén completamente extendidos, con las palmas mirando hacia los niños. Al mismo tiempo poner los pulgares en posición vertical y a la misma altura. Al abrir los puños se sigue pronunciando la "y" durante varios segundos. Observar los movimientos con atención. En "clap", encerrar con cada mano el pulgar con los demás dedos. Este movimiento no debe ser demasiado abrupto.

11 *En silencio:*

Cruzar los brazos y esconder los puños debajo de las axilas. Mantener el gesto durante un rato, y disolverlo.

Pic y Poc

1	Os voy a contar una cosa:	Mirar a los niños con cara alegre y amable.
2	Pic y Poc –	En "Pic", subir a Pic (dedo índice de la mano derecha) hasta la altura de la barbilla, y presentarlo. Lo mismo con Poc (dedo índice de la mano izquierda). Hacer una pausa pequeña mientras los dos dedos apuntan hacia arriba.

3	hacen bromas -- • • hacen bromas -- • • hacen bromas • •	Hacen bromas: hacer dos movimientos elásticos con los dos dedos índice, apuntando en cada sílaba tónica (•) hacia adelante; en el segundo "Hacen bromas": hacer los mismos movimientos dirigiendo ambos dedos hacia la izquierda; en el tercer " Hacen bromas " repetir los mismos movimientos con ambos dedos hacia la derecha.
4	Se agachan,	Las yemas de los dedos índice (Pic y Poc) se están mirando la una a la otra. Doblar los dedos lentamente formando dos ganchos y hablando pausadamente. La cabeza acompaña el movimiento hacia abajo.
5	Se empujan	Presionar fuertemente una contra otra las dos falanges medias de los dedos índice doblados.

6   se empujan,

     → ←

   se empujan.

     → ←

Como antes, pero con más fuerza aún. Con la fuerza aumentada, también aumentar la presión de los labios a pronunciar la "m", que se dilata aún más que en el paso anterior. Al final reducir la presión.

7   Se estiran de aquí a allá,

          →   ←

   de aquí a allá.

     →   ←

"Se estiran de aquí": Los dedos índice enganchados se mueven a la derecha (el derecho tira y el izquierdo se deja llevar);

"a allá": se mueven a la izquierda (el izquierdo tira y el derecho se deja llevar);

"de aquí": el derecho tira y el izquierdo se resiste;

"a allá": el izquierdo tira y el derecho se resiste con más fuerza que en el movimiento anterior. Cuanta más fuerza física se ejerce, más esfuerzo expresa la voz.

8a ¡Uoooo! ¡Uuuuu! -

     ← → ← →

En "Uoooo", los dos intentan arrastrar al otro a su lado. Los dos hacen un esfuerzo igual, de forma que las manos se quedan en el centro sin moverse hacia ningún lado. Al seguir tirando, los dedos se desenganchan progresivamente mientras se pronuncia el "uuuu" alargándolo. El esfuerzo no debe ser acompañado de gemidos o ser dramatizado con la voz.

8b ¡Uff!

Como en el paso anterior, pero ejerciendo un tiro corto e intenso, acompañado de un corto "Uff".

9 ¡No pueden más,
↑   ↓
no pueden más!
↑   ↓

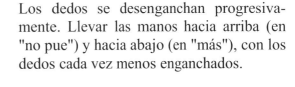

Los dedos se desenganchan progresivamente. Llevar las manos hacia arriba (en "no pue") y hacia abajo (en "más"), con los dedos cada vez menos enganchados.

10 ¡Uy! –

En el momento de la ligera exclamación de susto, los dedos se sueltan rápidamente. Las manos se lanzan hasta la altura de la cabeza; los brazos están abiertos, los dedos índice siguen estirados.

11 ¡Plaf! 	En "plllll", que se pronuncia largo y con intensidad, las manos empiezan a bajar, ahora formando puños. En "af", los puños impactan en los muslos. Tras el impacto aún rebotan un poco, pero es importante realizar el gesto de rebote con la cabeza, no con las manos.
12 De nalgas se han caído.	Mirar a los dos en silencio. Sólo después de mirarlos durante un instante, continuar con el texto. Afirmar dos veces con la cabeza. Dirigir la mirada hacia los niños con una sonrisa. Dejar que los niños tengan tiempo para reírse también, sin prolongar la pausa demasiado.
13 ¡Eh!	Sacar los dedos de los puños, subirlos lentamente hasta la altura de la barbilla, y enfrentar las palmas..
14 ¡Tú ---	En "Tú", los dedos han llegado a la posición inicial (paso número 2), pero ahora se miran el uno al otro (en el paso número 2 miran hacia los niños).
15 *En silencio:*	Durante un momento, Pic y Poc se miran sin moverse y sin decir nada.
16 t**o**ntorr**ó**n , t**o**ntorrón 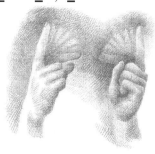	En sincronicidad con las cuatro sílabas tónicas, se acercan progresivamente en cuatro movimientos que consisten en cuatro golpes hacia abajo, como si quisieran darse cabezazos el uno al otro. Al final se acercan hasta casi tocarse. Durante este paso, alzar la voz sin gritar ni dramatizar.

82

17 *En silencio:*	Durante un momento, Pic y Poc quedan enfrentados sin decir nada. Dan algunos pasos hacia atrás, es decir, las manos se mueven lentamente hacia los lados hasta tener la distancia que mide entre un hombro y el otro. Desde lejos se miran un momento, en silencio. Observar todos los movimientos con atención.
18 Tontorrón!	Desde la distancia que tienen ahora, dan dos golpes más (que son menos fuertes y más lentos) hacia abajo, en sincronicidad con las dos sílabas tónicas. En este paso, bajar la voz con un tono de resignación. Al final volver a poner los dedos en posición vertical. Los dos siguen mirándose la cara.
19 Construyen un arco,	Las puntas de los dedos índice se acercan la una a la otra formando un arco. Se juntan en la palabra "arco".
20 Y yo -- os miro por debajo. 	Juntar también las puntas de los pulgares y mirar con el ojo derecho y la mirada serena y alegre por la mirilla, viendo a todos y cada uno de los niños. (expresando la alegría de que los dos hayan vuelto a llevarse bien).

Las manos hacen

1 Las manos hacen

Subir las manos, volver a bajarlas un poco y acercarlas la una a la otra (trazando una M en el aire). Al mismo tiempo llevar las manos en dirección de los niños. Al final de este movimiento, presentar las manos abiertas a los niños.

2 Chap - chap - chap -
    d   i   d
chap - chap.
    i   d

Llevar las manos a los muslos y dar palmadas en ellos, alternando entre mano derecha e izquierda. El primer "chap" corresponde a la mano derecha, el segundo a la izquierda, etc, etc.

3 Las manos hacen

Como en el paso número 1.

4 Clap - clap - clap - clap - clap.

Dar palmadas siguiendo el ritmo como en el paso número 2.

5 Giran – giran – giran

Extender los brazos hacia arriba y girarlos hacia adentro y hacia afuera - realizando seis giros, uno por sílaba. El primer giro es hacia adentro.

6 Paran

Bajar las manos y oponerlas una a otra con los dedos apuntando hacia arriba. Alargar la sílaba "pa" de "paran".

7	Se recogen - se estiran	"Se recogen": Inclinar las manos la una hacia la otra desde la muñeca. "Se estiran": Presentar las palmas a los niños, con los dedos abiertos.
8	Se recogen - se estiran	Como arriba.
9	Hola – hola – hola ↓↑ ↓↑ ↓↑	Hacer señas con las manos. En "ho", las manos se inclinan hacia adelante y abajo; en "la", vuelven a subir. Repetir el gesto dos veces con los dos "hola" siguientes.
10	Hola - hola – hola ↓↑ ↓↑ ↓↑	Después de una pequeña pausa, repetir el paso anterior.
11	Bajan, bajan, las dos juntas 	Las manos, relajadas y con los dedos hacia abajo, bajan en cámara lenta como dos paracaídas. En el segundo "bajan", poner las manos sobre los muslos. Mantener el gesto durante un instante.
11	Y hacen otra vez	Subir las manos un poco.

12	Chap - chap - chap -
	    d i d
	chap - chap.
	    i d
		Como arriba en el paso número 2.

13	Clap - clap - clap - clap - clap.	Como arriba en el paso número 3.

14	Giran - giran - giran	Como arriba.
15	Paran.	Como arriba.
16	Se recogen - se estiran	Como arriba.
17	Se recogen - se estiran	Como arriba.
18	Hola - hola - hola	Como arriba.
19	Hola - hola - hola	Como arriba.
20	bajan lentas las dos juntas	Como arriba.
21	Y hacen una vez más:	Elevar las manos un poco y volver a realizar la misma secuencia de pasos (2 a 11) una tercera vez, ahora sin palabras pero exactamente con el mismo ritmo. Pequeña pausa.

22 Descansan las dos, --

Dejar reposar las manos sobre los muslos, una sobre la otra con las palmas hacia arriba.

23 y el juego se acabó.
   x   **x**

Sonreír a los niños. Hablar con calma y afirmar con la cabeza en las sílabas tónicas, "jue" y "bo".

Pam y Patsch

La educadora está sentada.

1   Pam y Patsch y

Pam: golpear con los dos puños (el pulgar no está encerrado por los demás dedos) en los dos muslos.

Patsch: dar palmas una vez (no demasiado fuerte) y hacer rebotar las manos.

2   Wam y Watsch y

Wam: rozar los muslos con las palmas, llevando las manos desde su parte superior hasta las rodillas.

Watsch: volver hacia atrás, pasando las manos por encima de los muslos como antes, hasta su parte superior.

3   Bam y baaa y

Bam: hacer rebotar los dos puños en dirección horizontal como se ve en la ilustración.

Baaa: abrir los puños y mostrar las palmas a los niños. Mantener este gesto un corto instante.

4   aquí y acá y

Aquí: Con las puntas de los dedos de ambas manos dar un golpecito en el pecho, a la altura del esternón.

Acá: Con las palmas mirando hacia abajo, extender los brazos hacia adelante, a la altura del pecho.

5   ¡Trala-<u>la</u>la-<u>la</u>la-<u>la</u>!

Manteniendo las manos arriba, hacerlas girar como una veleta. Son cuatro giros rápidos (uno por sílaba tónica).

6   Y acá y aquí

Acá: poner las manos a los lados de la boca sin tocarla, haciendo un "altavoz". La "á" de "acá", se pronuncia alargada, alzando un poco la voz (sin gritar). Esta "á" puede adoptar el sonido de una "o".

Aquí: colocar las manos sobre la boca y pronunciar una "i" larga. La "i" no debe sonar clara, más bien tibia, como para decir: "aquí dentro estamos bien protegidos porque nadie nos ve".

7   Y asá

Abrir los brazos con un gesto de abrazo.

8   y así   Cruzar los brazos.

9   ¡Sí!   Llevar las manos a los muslos. El "sí" se
                              dice en el momento en el que las manos
                              tocan los muslos, y al mismo tiempo se
                              asiente con la cabeza. Mantener el gesto
                              final durante un instante.

Bumsti - Wumsti

La educadora forma dos puños con las manos, envolviendo el pulgar con el resto de los dedos. Colocar los puños sobre los muslos.

1   Bumsti - Wumsti

Subir la mano derecha a la altura del estómago.
Al pronunciar la B de "Bumsti", sacar el pulgar y ponerlo en posición vertical.

En la sílaba "Wum", subir la mano izquierda a la altura del estómago. Al pronunciar la W de "Wumsti", sacar el pulgar y ponerlo en posición vertical. Con el último "sti", ya se prepara el paso siguiente, girando los puños hacia adentro de forma que los dorsos de las manos queden hacia arriba y los dos pulgares queden colocados de manera que la yema de un dedo casi toque la uña del otro dedo.

2   Buli - buli - buli - buli -
•• •• •• ••
d i   d i   d i   d i

bob

Desde la posición del paso anterior, hacer girar los pulgares uno alrededor del otro. En cada "bu", el pulgar derecho baja delante del pulgar izquierdo; el pulgar izquierdo hace lo mismo en cada "li".

En "bob", juntar las puntas de los dos pulgares y apretar levemente uno contra otro.

3	Bumsti – Wumsti	En la sílaba "Bum": volver a poner el puño derecho con el pulgar hacia arriba. En la sílaba "Wum": volver a poner el puño izquierdo con el pulgar hacia arriba.
4	Wuli - wuli - wuli - wuli – wob	Como arriba, salvo en la última sílaba, "wob". En "wob", girar los puños hacia adentro, 180° hacia abajo. Las puntas de los pulgares invertidos se apoyan en los muslos cerca de la rodilla.
5	Bumsti - wumsti	Sin cambiar el gesto ni la posición de las manos, mecer el tórax hacia adelante (en "Bum") y hacia atrás (en "Wum"). En los dos pasos siguientes, ampliar estos gestos y subir la voz en la misma medida.
6	Bumsti - wumsti	Como en el paso anterior, mecer el tórax hacia adelante (en "Bum") y hacia atrás (en "Wum").
7	Bumsti - wumsti – bab	Repetir el gesto con movimientos ya muy generosos y con la voz más alta. Finalmente en "bab", girar los dos puños rápidamente y volver a ponerlos con los pulgares hacia arriba.

8	Bumsti - Wumsti	"Bumsti": avanzar un poco el puño derecho en dirección a los niños. "Wumsti": hacer lo mismo con el puño izquierdo.
9	Buli - buli - wuli - wuli – wab.	Como arriba en el paso 2, salvo en la última sílaba, "wab": los pulgares desaparecen rápidamente en los puños.
10	*En silencio:*	Permanecer un rato con la mirada puesta en los puños, y después mirar a los niños con una mirada alegre. Abrir las manos y relajar los brazos.

Por la presencia del sonido *W* (como por ejemplo ocurre en la palabra inglesa "wind"), este juego es ideal para el momento en que los niños aprendan las primeras palabras inglesas y su correcta pronunciación. En este caso los niños aprenden diferenciar de una forma lúdica entre los sonidos *B*, *V* y *W*.

Juegos de movimientos
del mundo animal

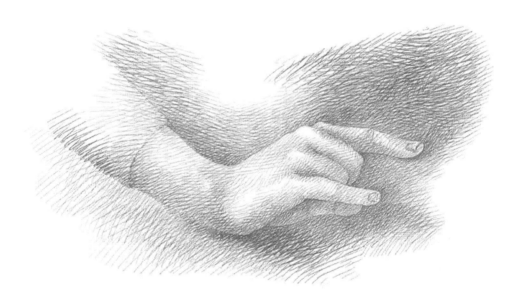

El oso pequeño

1   Brummm – brummm

$\leftarrow$ $\rightarrow$

La educadora está sentada en una silla, identificándose interiormente con el ser del oso.
Poner las "patas" delante del pecho. En el primer "brummm", mecer el tronco hacia la izquierda, y en el segundo, hacia la derecha. El movimiento se realiza tomando el impulso desde las nalgas (no desde la cadera).

2   brumm - brumm - brumm
$\leftarrow$

camina el oso
$\rightarrow$

Seguir con el movimiento, primero hacia la izquierda (en el "brumm brumm") y después hacia la derecha (en "camina el oso").

3   por el bosque tap - tap -

tap - tap - tap – tap - tap -
●   ●   ●   ●   ●

Deshacer el gesto anterior y, empezando con la mano derecha en el muslo derecho, andar con las palmas de las manos sobre los muslos, en trote de oso. Recorrer los muslos desde la parte superior hasta las rodillas, haciendo 11 pasos acordes con las 11 sílabas. Como en los pasos anteriores, el trote también debe ser perceptible por el movimiento del tronco.

| 4 | a la colmena. | Formar, con los antebrazos y las manos, una colmena. Las manos quedan a la altura de la coronilla, la palma de la mano izquierda reposando sobre el dorso de la mano derecha. No estirar los dedos, para que la forma de la colmena sea bien redonda en su parte superior. |

| 5 | ¡Bsssss-ssss - bsssssss! | Inclinar la cabeza hacia la derecha (hacia la colmena) para escuchar el "bsss" sonoro. |

| 6 | *En silencio:* | Posicionar las manos con las palmas hacia arriba como para llevar una bandeja pequeña. En este momento las muñecas están a la altura del pecho. |
| | | Desde esta posición, flexionar las manos desde las muñecas hacia la cara (el oso está cogiendo la miel). |

7	Dulce miel quiere lamer	Continuar con el gesto de llevar la miel a la boca. El movimiento es pausado y tiene las siguientes fases:
		En "dulce", las manos están a la altura de la frente.
		En la última sílaba de "quiere", las muñecas están a la altura de la boca y cerca de la misma.
		Al final de "lamer", las muñecas están más bajas, con las puntas de los dedos a la altura de la boca. El oso se ha lamido la pata entera, desde la muñeca hasta las uñas.
		En "lamer", enfatizar la "l", articulándola un segundo o más, mientras la punta de la lengua sale de la boca.

8 Dulce miel quiere lamer.	Repetir los movimientos y gestos como en el paso anterior.
9 ¡Mmmm - mmmm!	Volver a lamerse las "patas" enunciando un "Mmmm" muy contento.
10 ¡Bsssss - bssss - bsssssss! i d i d i d	Sacar los dedos índice de los puños. Las puntas de los dedos hacen de abejas. Mantener las puntas de los dedos la una cerca de la otra y a la altura del pecho. Pronunciar la "s" muy sonora (como la "s" sonora inglesa [z], de manera que se podría "cantar" una melodía sobre la "s").

En el primer "Bssss", ambos dedos se mueven formando un semicírculo hacia abajo: la mano derecha se dirige hacia la derecha (en sentido antihorario), y la mano izquierda hacia la izquierda (en sentido horario).

En el segundo "bssss", las abejas vuelven a la posición inicial, haciendo el movimiento anterior en dirección contraria: cada mano hace un semicírculo que primero va hacia abajo y después vuelve hacia arriba, la mano derecha hacia la izquierda, la mano izquierda hacia la derecha. Las puntas de los dedos han de estar cerca la una de la otra.

En el tercer "bsssss", cada mano hace un círculo completo: la mano izquierda en sentido horario, la mano derecha en el sentido antihorario. Al final las manos se encuentran en la posición inicial de este paso.

11 Salen las abejas: ¡Bssss! -

i   d   i   d   i   d

Las abejas (puntas de los dedos) se alejan y se vuelven a acercar, haciendo los mismos movimientos que en el paso anterior. Pues son tres movimientos, uno en cada sílaba tónica ("bssss", "bej", "sa").

12 a picar - picar.

Poner los dedos índice en paralelo y señalar hacia los espectadores. En cada "ar" de "picar", los dedos se mueven de golpe hacia adelante (en dirección de los espectadores).

13 ¡Sssst - sssst - sssst - sssst!
    ⬆   ⬆   ⬆   ⬆

En cada "sssst", repetir el picar de las abejas del paso anterior. En este caso no usamos la "s" sonora sino la "s" aguda, seguida por una "t" fuerte.

14 al oso tan goloso.

El oso tiene su gesto inicial, como en el primer paso. Sólo en "frescales", asiente con la cabeza.

15 Pero no es que le molesten,
    ←   →   ←   →

El oso sigue con el mismo gesto. Sólo dice "no" con la cabeza moviéndola como indicado por las flechas.

16 su pelo espeso le protege
    ●   ●   ●   ●

El oso se palpa con sus patas (las manos con los dedos cerrados y estirados) el pecho (en "pe"), el estómago (en "pe"), la barriga (en "le") y los muslos (en "te"). Las dos patas hacen todos esos gestos juntas (en paralelo). Afirmar con la cabeza en las sílabas "pe" de "espeso" y "te" de "protege". Tomarse mucho tiempo y hablar despacio.

17 ¡Bssss-ssss - sssssss!
    ¡Bssss-ssss - sssssss!

Como arriba en el paso número 10.

18 Zum zumbado -

zum zumbido

En "zumbado" y "zumbido", las abejas dan una vuelta entera alrededor de las orejas.

19 Al oso le zumban los oídos.

Volver a adoptar el papel del oso, que ahora se tapa los oídos con las palmas.

20 ¡Bsssss - bssss - bsssssss!

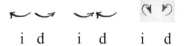

i d   i d   i d

Como arriba en el paso número 10.

¡Bsssss - bssss - bsssssss!

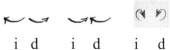

i d   i d   i d

21 Basta ya: se escapa:

Desde la posición inicial (indicada en el paso número 1), alzar las patas hasta encima de la cabeza.

22 tap – tap – tap – tap

●   ●   ●   ●
d   i   d   i

El oso anda como se indicó en el paso número 3, empezando con la mano derecha sobre el muslo derecho. En el segundo "tap", la mano izquierda da un paso en el muslo izquierdo, etc. El oso debe dar pasos pequeños en el corto camino desde la cadera hasta las rodillas.

23 se va a su casa. ● ● ●● d i d i	Da cuatro pasos como en el paso anterior; aquí los pasos van sincronizados con las cuatro sílabas, "va–a su ca sa"; la primera sílaba se pronuncia sin ningún movimiento.
24 tap – tap – tap – tap ● ● ● ● d i d i tap – tap – tap – tap ● ● ● ● d i d i	Seguir con el movimiento, dando un paso en cada "tap". Como en el paso número 3, se empieza con la mano derecha.
25 Dentro de su cueva, 	Doblar los antebrazos por encima de la cabeza. Inclinar la cabeza un poco.
26 del susto se va a recobrar.	Bajar lentamente los brazos y volver a la posición inicial (paso número 1). Tomarse tiempo para mantener este gesto antes de pasar al paso siguiente.
27 Brummm - brummm	El oso se columpia hacia adelante y hacia atrás. Este movimiento debe ser delicado y apenas perceptible.
28 a descansar.	Mantener el gesto del oso sin más movimientos, con la cabeza inclinada hacia adelante.

El caracol

1 <Para preparar el juego>

Hacer un puño flojo con la mano derecha. El pulgar toca las uñas de los demás dedos. Poner el puño en la mesa o en el muslo; se desliza mucho mejor en el muslo.

2 El caracol, desde su casa,

Mirar al caracol. Hablar mesuradamente.

3 mira, mira, y sus cuernos saca.

Seguir mirando al caracol y sacar lentamente el dedo meñique y el dedo índice.

4 Se echa a andar

El caracol se pone en movimiento, con máxima lentitud. Hablar pausadamente.

5 andar - andar - andar.

Seguir con el movimiento lento del caracol, hablando mesuradísimamente manteniendo un tono monótono. El puño debe tener sólo un mínimo de contacto con la superficie para que el movimiento sea suave. Hacer una pequeña pausa tras cada palabra; mientras tanto, el caracol avanza lentamente sin pausa. En el tercer "andar", el caracol se para.

6	Le cuesta mucho avanzar.	Mirar al caracol y hablar mesuradamente. Mover las antenas un poco. Después el caracol continúa su camino.
7	Se desliza, se desliza	Seguir andando con el puño con lentitud, como arriba. El caracol puede efectuar leves cambios de dirección desde la muñeca.
8	Se para.	Parar el movimiento y mirar el caracol con atención.
9	Cansadito ya está.	En la segunda "a" de "cansadito", afirmar lo dicho con una inclinación de la cabeza. Hacer una corta pausa y a continuación, mover ligeramente las antenas.
10	Los cuernos vuelve a guardar	Retirar los dedos meñique e índice, realizando el gesto inicial del puño flojo.
11	y en su casa descansa ya.	Observar el puño que ya no se mueve. Tomarse mucho tiempo para deshacer el gesto.

La lombriz de tierra

1   <para preparar el juego>

Dejar reposar el puño relajado sobre el muslo, cerca del cuerpo. El pulgar toca las uñas de los otros dedos.

2   La lombriz

Con un movimiento muy lento, sacar el dedo índice deslizando la punta del dedo sobre el muslo. Al mismo tiempo, girar la mano de manera que repose sobre el dedo meñique y el dedo índice toque el muslo con el lado derecho de la uña. El dedo índice no debe estar estirado sino un poco flexionado.

3   Se enrolla, la lombriz se enrosca,

En "se", avanzar el puño con el dedo índice estirado, hacia la rodilla. En "enrolla" seguir avanzando el puño, haciendo una pequeña curva hacia la izquierda. El dedo no se mueve.

Seguir serpenteando: en "la", con una curva hacia la derecha; en "lombriz", hacia la izquierda; y en "enrosca", hacia la derecha.

4   se enrosca.

En "se", detener el avance del puño, y encoger el dedo índice lo máximo posible.

5   Se estira

Estirar el dedo índice lentamente, avanzando con el puño como en el paso número 2.

6	Se encoge y se estira	En "encoge", avanzar con el puño muy lentamente, volviendo a enrollar el dedo índice (como en el paso número 4). En "estira", volver a salir con el dedo. Alargar la "i" de "estira", alargando a la vez el movimiento de estirar el dedo.
7	*En silencio:* 	La mano izquierda se coloca sobre el muslo (la palma hacia abajo, los dedos cerrados tocan la rodilla con las uñas). El pulgar queda debajo de los dedos; así la mano adopta la forma de un montoncito de tierra.
8	En la tierra hace un hueco	"En la tierra": La lombriz se arrastra hacia el montoncito de tierra, y con la punta del dedo llega a la raíz del pulgar, que está encorvado dentro de la mano izquierda. Empieza a hacer un hueco sin entrar aún en él.

En "hace", la lombriz hace un movimiento hacia la izquierda. En "hueco", hace el mismo movimiento hacia la derecha. |

9   hace, haaace un hueeeeeco
→←   →←→   ←→←→

En "hace", la lombriz hace nuevamente los movimientos de agujerear hacia la izquierda y hacia la derecha (→←), pero no avanza.

Retardar el habla y el movimiento. Hacer una pequeña pausa.

En "haaace", la lombriz empieza a entrar en el hueco. Mientras avanza, mantiene el gesto de agujerear, deslizándose sobre el pulgar izquierdo enroscado: hacia la derecha y después hacia la izquierda, y una vez más hacia la derecha (→←→).

Otra pausa.

En "hueeeeeco", sigue entrando en la tierra, con el mismo gesto pero ahora con un movimiento más: hacia la izquierda, la derecha, la izquierda, la derecha. (←→←→)

Otra pausa.

10   Desaparece en la tierra --
←   →

cabeza, cola, toda entera.
←   →   ←

Seguir con el mismo movimiento y el ritmo de hablar. Disponer los cinco pasos (las cinco sílabas tónicas) de manera que al llegar a "entera", la lombriz haya entrado por completo en la tierra. Coincidiendo con las vocales tónicas (subrayadas y en negrita), los movimientos son hacia la izquierda, la derecha, la izquierda, la derecha, la izquierda.

Terminar el juego aguantando el gesto final durante un instante.

La ranita y la mosquita

1 Sentada en su piedra

La educadora está sentada en una silla, con los pies juntos. El escenario del juego se situará sobre los muslos. La mano derecha hace de rana, la izquierda de mosca. Mirar con cara alegre hacia los niños.

2 la ranita está.

En "ranita", poner la mano derecha con los dedos juntos y rectos sobre el muslo derecho (cerca de la rodilla). Las partes de la mano que tocan el muslo son la muñeca, las puntas de los dedos y el pulpejo del pulgar. El pulgar está tapado por los demás dedos.

3 ¡Croa - croa - crac!

La boca de la rana (los cuatro dedos estirados) se abre tres veces (en cada "croa") lo máximo posible.

4 ¡Sssss - ssss - sssssss! Viene una mosquita.

Hacer un puño relajado con la mano izquierda, con el dedo índice estirado. La punta del dedo es la mosca.

En "Ssss", la mosca empieza a volar a la altura de los hombros, dando giros de distintas formas y extensiones alrededor de la rana, mientras zumba con la "s" (sin variar de tono).

5 ¡Sssss - ssss - sssssss! volando dando vueltecitas. ¡Ssssss - ssssss - ssssss - sssssss!

La mosca se acerca cada vez más a la rana, que hasta ahora estaba sentada en su "piedra" sin moverse, y da varias vueltas alrededor de ella.

| 6 | La ranita hace ¡juap! | En "hace", la rana pesca la mosca con un salto. En "juap", la mosca se desliza por el antebrazo derecho hasta el codo. La rana se la ha tragado. Inmediatamente después, la rana vuelve a estar sentada en la "piedra". El brazo izquierdo queda ahora suelto en posición lateral. |

| 7 | ¡Aah, qué rico! →
 ¡Aah, qué rico! ← | La rana está sentada en la piedra de manera que sólo la muñeca reposa sobre el muslo. Flexionar la muñeca bastante hacia arriba para que los niños vean bien la boca de la rana. Durante el primer "¡Aah, qué rico!", pasar el pulgar desde el dedo índice hasta el dedo meñique, rizando las puntas de los dedos sin tocar las uñas. En el segundo "¡Ah, qué rico!", llevar el pulgar a la posición inicial, recorriendo el mismo camino desde el dedo meñique hasta el dedo índice. La rana se está lamiendo los labios. |

| 8 | Se relame la boquita. → ← | Repetir el gesto anterior de lamerse los labios. |

| 9 | ¡Croa - croa – crac! | Como arriba, en el paso número 3. |

| 10 | ¡Sssss-ssss - sssssss!
 Viene otra mosquita
 ¡Sssss-ssss - sssssss!
 volando dando vueltecitas.
 ¡Sssss-sssss-sssss-sssss!
 La ranita hace ¡juap!
 ¡Aah, qué rico! ¡Aah, qué rico!
 Se relame los labitos.
 ¡Croa - croa – crac! | Repetir los pasos anteriores, 4 a 9. |

11	¡Sssss-ssss - sssssss! Viene otra mosquita ¡Sssss-ssss-sssssss! volando dando vueltecitas. ¡Sssss-sssss-sssss-sssss!	Como arriba.
12	La ranita hace ¡juap!	Como arriba.
13	¡Ja, ja, jaaaa! ¡No me pillas!	Esta vez la rana no ha pillado la mosca. La mosca se ríe de la rana desde arriba (el brazo está extendido, y los dedos de la mano también están extendidas).
14	¡No me pillas! ¡Ja, ja, jaa!	La mosca se burla de la rana como antes.
15	¡Sssss-ssss-sssssss!	La rana sigue sentada como antes sin moverse, y la mosca sigue dando vueltas alrededor de ella.
16	Volando la mosquita sale Sale, sale, a otra parte. ¡Ssssss-ssssss-sssssssss!	Con el último "Sssss", la mosca desaparece tras la espalda.
17	Allí queda la ranita en su piedra sentadita. ¡Croa croa crac!	Como en el paso número 2.
18	Y da un salto al agua, ¡Plas! 	Hacer un puño con la mano derecha y dejar reposar el puño sobre el muslo (con los dedos hacia abajo). En "salto", la mano da un salto para arriba, abriendo todos los dedos al máximo. En "¡Plas!", dejar caer las dos manos sobre los muslos, produciendo un chasquido. La rana ha desaparecido. Soltar los brazos y bajarlos a ambos lados. Mirar los niños con mirada alegre.

Juegos de gestos para la primavera y el verano

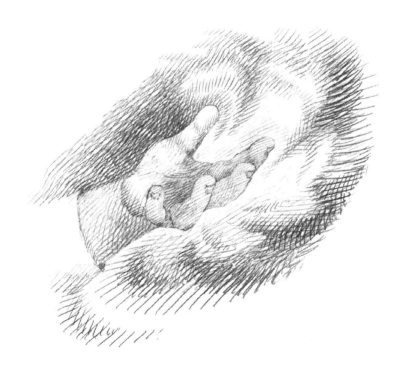

La flor en el jardín

La mano izquierda hace de flor durante todo el juego. Con la mano derecha se representan los animales y el sol.

1	*En silencio:*	Subir la mano izquierda lentamente, con las yemas tocándose entre sí formando un capullo. A la altura del pecho, flexionar ligeramente la muñeca hacia atrás y a la vez abrir lentamente los dedos, que son los pétalos.

2	La flor en el jardín	Mirar hacia la flor.
3	¿A quién espera allí?	Dirigir la pregunta a los niños. Mantener el gesto anterior. Mirar hacia la derecha y abajo (desde donde vendrá la visita).
4	*En silencio:*	La mariquita sale desde detrás de la espalda, pasa por la cadera y la barriga en dirección al hombro izquierdo y después hasta el codo. Durante todo este paso, mover todos los dedos de la mano derecha (las patas de la mariquita), y seguir con la mirada el trayecto de la mariquita.
5	A la mariquita,	Andar desde el codo hasta la muñeca, articulando el texto muy despacio.

6	la pequeña mariquita.	Andar desde la muñeca hacia el centro de la palma, articulando el texto muy despacio y más grave. Al final la mariquita está en el centro de la palma.

	(Y la flor la va)	Sin gestos.
7	Mi – ma – meciendo – al viento – al viento Mi – ma – meciendo – al viento – al viento.	Mecer a la mariquita en la flor. La mano derecha da un pequeño impulso en la palma de la mano izquierda moviendo la flor hacia el lado exterior. Mecer la flor moviendo el brazo relajadamente desde el codo y hablando melodiosamente.
8	*En silencio:*	Mirar la flor y la mariquita durante un instante.
9	*En silencio:*	La mariquita vuelve andando todo el camino por el que ha venido. Seguir a la mariquita con la mirada.
10	*En silencio:*	Volver a mirar la flor.
11	La flor en el jardín,	Mirar hacia la flor.
12	¿a quién espera allí?	Dirigir la pregunta a los niños. Mantener el gesto anterior, mirando hacia la derecha y abajo.

13 *En silencio:*	La mariposa sale aleteando de detrás de la espalda, primero hacia abajo, después hacia arriba, llegando a la altura de la cara. Con la palma hacia abajo y los dedos juntos, hacer movimientos rápidos con los dedos.
14 A la mariposa – la linda mariposa.	Hacer otras dos curvas cóncavas hacia arriba para llegar a la flor, modular la voz según la posición de la mano (aguda cuando la mano está arriba, y grave cuando la mano está en posición más baja).
15 *En silencio:* 	Hacer otra pequeña curva, dar la vuelta a la mano (la palma hacia arriba). Poner el dorso de la falange inferior del dedo del corazón sobre la raíz del dedo meñique de la mano izquierda.
Y la flor la va	Sin gestos.
16 Mi – ma – meciendo – al viento – al viento Mi – ma – meciendo – al viento – al viento.	Mecer la flor como arriba, dando impulsos con la mano derecha.
17 *En silencio:*	Sin movimiento: Mirar la flor con la mariposa durante un instante.

18	*En silencio:*	Girar la mano derecha con la palma hacia abajo. Hacer aleteos rápidos y ligeros y volar en curvas hacia el lado derecho. Seguir a la mariposa con la mirada. La mariposa desaparece detrás de la cabeza.
19	*En silencio:*	Volver a mirar la flor.
20	La flor en el jardín	Como arriba.
21	¿A quién espera allí?	Como arriba.
22	Bsss – ssss – ssss – ssss – 	La yema del dedo índice de la mano es la abeja, que sale desde detrás de la espalda. Bsss: la abeja sale y vuela a la derecha hacia arriba. En el primer "ssss", hacer una curva hacia la derecha; en el segundo "ssss", hacer una curva hacia la izquierda; en el tercer "ssss", hacer una curva hacia la derecha.
23	A la pequeña abeja.	Seguir volando hacia la flor. En "pequeña", hacer una curva hacia la izquierda; en "abeja": hacer una curva hacia la derecha.
24	¡Bssss – ssss – sst!	En "bssss" y "ssss", hacer dos curvas más. En "sst": hacer un movimiento rápido hacia arriba y en seguida verticalmente hacia abajo. En "t" de "ssst", la abeja se posa en la mano y queda allí entre el centro de la palma y la muñeca.
25	Y la flor la va	Sin movimiento.

26	Mi – ma – meciendo – al viento – al viento Mi – ma – meciendo – al viento – al viento.	Mecer la flor como arriba, dando impulsos con la mano derecha con la punta del dedo índice.
27	*En silencio:*	Sin movimiento: Mirar la flor con la abeja durante un instante en silencio.
28	Bssss – ssss – ssss – ssss – 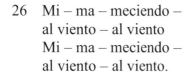	La abeja sale volando en curvas.
29	Bssss – ssss – ssss – sst 	Seguir con el movimiento. Al final la abeja da una vuelta horizontal y, en "sst", baja en línea recta y desaparece detrás de la espalda.
30	¿Ahora sola quedará?	Dirigir la pregunta a los niños. Mantener el gesto anterior.
31	¡Qué va!	Contestar con gesto de negación, con la mirada aún dirigida hacia los niños.
32	*En silencio:*	Mirar a la derecha.
33	Sale el sol. Se acerca ya.	Levantar la mano derecha hasta la altura de la cabeza, extendiendo los dedos como rayos de sol.
34	A la flor va a calentar. 	Acercar dos veces las palmas a la flor. En "flor" y "tar", dando calor a la flor.

35	Y cuando él se vuelve a ir,	Bajar la mano derecha deshaciendo el gesto de sol cerrando la mano. Colocar la mano encima del muslo.
36	Ella se cierra, y se va a dormir.	Mirar a la flor. Cerrar la mano izquierda en cámara lenta (alargando la "e" de "cierra") hasta que las yemas se toquen mutuamente (haciendo el mismo gesto que antes, cuando la flor estaba cerrada). Las yemas no ejercen presión; se tocan suavemente. Quedarse mirando la flor, después mirar a los niños. Al final hacer un gesto afirmativo con la cabeza, primero hacia la izquierda, después hacia la derecha.

Este juego se presta para practicarlo entre dos personas. La mano de la madre, de la educadora o de la terapeuta es la flor y la mano del niño hace de bicho. Los niños disfrutan mucho de ser mecidos sobre la mano de la persona adulta.

También es posible hacer un cambio de papeles. A niños con necesidad de cuidados especiales, se les puede llevar la mano para realizar los gestos de la flor.

Crece la flor

1 Vuelve el sol de primavera.

Las manos ligeramente cerradas están a la altura del pecho. Las palmas miran hacia los niños, con los pulgares juntos.

Abriendo todos los dedos, llevar las manos hacia arriba. Está saliendo el sol. El gesto y el hablar se realizan despacio.

2 Enviando sus rayos a la tierra.

Mientras se recita el texto, se realiza el siguiente gesto (una vez): inclinar lentamente las manos hacia abajo y los brazos hacia adelante, enviando los rayos de luz. Repetir el gesto sin hablar y enviando los rayos con más intensidad.

3 Cayendo - cayendo la lluvia está:

Sin hablar, subir las manos algo encima de la cabeza. Al empezar a hablar, bajar las manos en dirección vertical, moviendo con agilidad los dedos, cuyas puntas representan las gotas de lluvia. Bajar hasta los muslos o la superficie de la mesa.

4 *En silencio:*

En los muslos o la superficie de la mesa, seguir con el mismo movimiento de los dedos, ahora tamborileando.

5 Drope - drope - dope - dap.
Drope - drope - dope - dap.

Seguir tamborileando como en el paso anterior ahora acompañados del sonido.

6	Drope - drope – drop - drop - dap. <center>d l d</center>	Durante las primeras cuatro sílabas, ralentizar el tamborileo. En las últimas tres sílabas, los únicos dedos que tamborilean son los dedos índice: primero el derecho, después el izquierdo y, al final, una vez más el derecho.
7	Una flor está naciendo 	Primero en silencio: hacer un puño con la mano derecha envolviendo el pulgar con los demás dedos. Poner el puño con los dedos hacia arriba junto a la rodilla derecha. Sólo ahora recitar el texto. En "naciendo" sacar lentamente el pulgar y ponerlo en posición vertical.
8	está saliendo 	Llevar las puntas de los dedos enrollados a lo largo del pulgar erguido hasta que todas las puntas se toquen formando un capullo (un brote). Como el ojo humano no percibe el crecimiento lento de las plantas, es importante que los gestos se hagan muy lentamente.
9	Se estira - se estira - se estira,	Subir lentamente la mano (el brote) y parar a la altura del pecho.

10	Se abre hacia el sol,	Abrir los dedos lentamente. La palma sigue en posición horizontal; los dedos no están totalmente extendidos ni horizontales; tienen un gesto hacia arriba formando un cáliz.

11	Se abre, se abre, se abre la flor.	Mantener el gesto de la mano.
12	Na na, viene el viento, na na - naa,	Mecer la flor al ritmo del texto.
13	a mecer la flor, na - na - naa.	Continuar meciendo la flor.
14	A la noche se va acostar,	Cerrar los dedos
15	y se vuelve a cerrar.	Seguir cerrando los dedos hasta que todas las puntas de los dedos estén juntas. El texto se habla pausada y melódicamente, casi cantando.

Danza del Dideldá

Los niños están en corro y se toman de las manos. La educadora dirige el corro, siempre con el hombro derecho mirando hacia el centro.

La melodía también se puede tocar en la flauta pentatónica (se permiten pequeñas variaciones de la melodía). En este caso los niños no se cogen de las manos.

Compás partido
Melodía: Wilma Ellersiek
Traducción al castellano: Inés Gámez

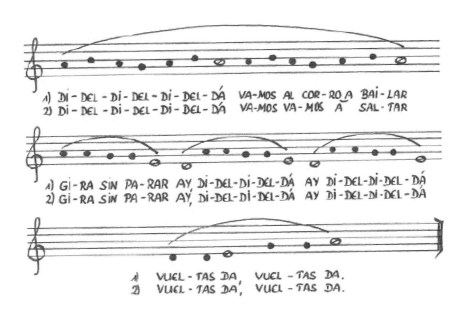

SEÑALES MUSICALES:

⊘ = una pulsación de duración media, ●● = ⊘,

‿‿‿ = tiempo de espiración continuada

Brilla, sol querido

Esta canción se canta sin gestos.

El preludio y el postludio se pueden cantar con "la-la-la" o tocar con un arpa de Choroi.

Con aire lento y solemne (compás partido),   Melodía: Wilma Ellersiek

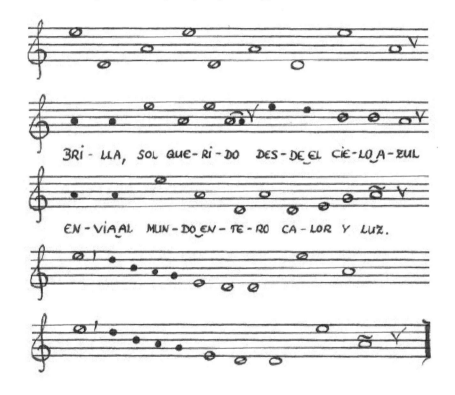

SEÑALES MUSICALES:

⊘   = una pulsación larga, ●● = ⊘,   ◯ = ⊘⊘,

⏜   = tiempo de espiración continuada, ∼ = alargar el sonido,

V = ⊘ = silencio equivalente de la duración de pulsación larga

Juegos de gestos para el otoño y el invierno

Copitos de nieve

1   Desde lo alto, copitos de nieve
bailando su baile a la tierra descienden.

Las dos manos son los copos de nieve. Cada mano tiene los dedos relajados hacia abajo, en forma de paracaídas. Los movimientos de las manos son paralelos, descendiendo y subiendo, de un lado a otro, pero siempre flexionadas hacia abajo. Este gesto empieza a la altura de la frente y termina a la altura del esternón.

2   Uno cae en mi frente.

La mano derecha hace de copo de nieve, que en la palabra "Uno" se alza por encima de la cabeza, con el brazo derecho casi extendido en su totalidad. Con un movimiento lento y palabras pausadas, el copo de nieve baja hasta aterrizar en la frente (coincidiendo con la palabra "frente"). En ese momento la mano se cierra ligeramente y toca la frente con el lado exterior del pulgar.

3   ¡Mirad!

Mirar hacia el copo de nieve, sin fruncir las cejas.

122

4	Centellea, centellea, 	Abrir dos veces los dedos de la mano, hacia los niños.
5	se derrite, y se va.	Dejar que la mano cerrada se deslice desde la cabeza, pasando por la sien y rozando la mejilla.
6	Desde lo alto, copitos de nieve bailando su baile a la tierra descienden.	Como en el paso número 1.
7	Uno cae en mi pecho.	Como en el paso número 2, pero ahora el copo de nieve aterriza en el pecho de la educadora.
8	¡Mirad!	Dirigir la mirada hacia el copito, sin fruncir la frente.
9	Centellea, centellea, se derrite, y se va.	La mano se desliza hacia abajo a lo largo del pecho.
10	Desde lo alto, copitos de nieve bailando su baile a la tierra descienden.	Como en el paso número 1.
11	Uno cae en mi pierna.	Como en el paso número 2, pero ahora el copo de nieve aterriza en la pierna.

12	¡Mirad!	Mirar hacia el copo de nieve, sin fruncir las cejas.
13	Centellea, centellea,	Abrir del todo los dedos de la mano, hacia los niños.
14	se derrite, y se va.	La mano se desliza hacia abajo a lo largo de la pierna.
15	Desde lo alto, copitos de nieve bailando su baile a la tierra descienden.	Como arriba.
16	Uno cae en mi mano.	Como arriba, pero ahora el copo de nieve aterriza en la mano.
17	¡Mirad!	Mirar hacia el copo de nieve, sin fruncir las cejas.
18	Centellea, centellea,	Abrir de todo los dedos de la mano, hacia los niños.
19	se derrite, y se va.	El copo de nieve se desliza en la mano.
20	Desde lo alto, copitos de nieve bailando su baile a la tierra descienden.	Como arriba.
21	Uno cae en mi nariz.	Como arriba, pero ahora el copo de nieve aterriza en la nariz.
22	¡Mirad!	Mirar hacia el copo de nieve, sin fruncir las cejas.

23	Centellea, centellea,	Abrir de todo los dedos de la mano, hacia los niños.
24	se derrite, y se va.	El copo de nieve se desliza en la nariz.
25	Desde lo alto, copitos de nieve bailando su baile a la tierra descienden.	Como arriba.
26	Hasta el suelo quieren bajar	Las manos descienden con el gesto inicial hasta los muslos. Las manos reposan relajadas sobre los muslos. Mirarlos un momento con atención.
27	Para allí reposar .	Realizar un gesto afirmativo con la cabeza:

Si el niño quiere que el copo de nieve baje a otras partes, se pueden integrar sus propuestas en el juego.

El viento de otoño en el roble

1   Todo quieto está.

Sin hablar, poner las manos tras las orejas, tocando la cabeza. Escuchar atentamente, con la mirada dirigida hacia abajo, casi como en escucha interior.

2   El viento se fue a otro lugar

Alzar las manos y estirarlas en dirección de los niños, apuntando hacia la lejanía. En "fue" y "ar" de "lugar", las manos hacen otro gesto hacia la lejanía alzándose un corto instante.

3   ¡Juyyyyy-fuuuu-fuut! ¡Juyyyyy-fuuuu-fuut!

Con todos los dedos juntos, poner las manos a ambos lados de la boca como un "megáfono". Dejar un poco de espacio entre la boca y las manos.

4   **Lle**ga el **vien**to, **co**rre, **co**rre

Realizando con los dos brazos estirados un amplio movimiento circular en el sentido horario, trazar en el aire cuatro lazos en forma de la letra cursiva "ele".

En cada una de las cuatro sílabas tónicas, las manos están justo en la posición más elevada. Dilatar las palabras "llega" y "corre", casi con voz de exclamación.

5	¡Juyyyyy-fuuuu-fuut! ¡Juyyyyy-fuuuu-fuut!	Como arriba en el paso número 3.
6	Sobre el roble, grande y noble.	A diferencia del movimiento anterior, éste se realiza más despacio.
		En "roble", los brazos estirados hacia arriba toman la posición paralela, señalando lo alto y grande que es el árbol; en "grande", estirar las manos aún un poco más hacia arriba;
		En "noble" estirar los dedos y los brazos haciendo un gesto "noble" de ramos.
		Tomarse mucho tiempo para hablar y realizar los gestos.
7	**Pa**sa - **pa**sa por las **ho**jas 	Volver a dibujar en el aire las lazos en cada sílaba tónica (pa, pa, ho), como arriba en el paso número 4. Hablar más rápido que en el paso número 4, casi sin tomar aliento; los movimientos son de igual manera más rápidos. Este paso finaliza con los brazos estirados hacia arriba.

8   sacude, sacude,
    ↓↓   ↑↑
    sacude las ramas
    ↓↓   ↑↑

Sacudir ambas manos enérgicamente desde las muñecas, hacia abajo y arriba como indican las flechas. En "ramas", los brazos y las manos con los dedos abiertos siguen estirados, pero han bajado un poco, con las palmas mirando hacia abajo. Se puede repetir este paso una o más veces.

9   Las bellotas caen:

Bajar los brazos lateralmente y formar con los dedos el gesto de las bellotas: con las palmas hacia arriba, todos los dedos se encogen haciendo un puño, menos el dedo índice, que sale del puño en forma de un "gancho".

10   ¡tac - tac - tacatac!
     ¡tac - tac - tacatac!

Con las articulaciones de ambos dedos índice (aún en la posición de gancho que han tomado antes), realizar golpecitos "libres" sobre las piernas sentadas.

11   Botan y rebotan

Los golpes se acompasan con las palabras. No olvidarse de los rebotes después de cada golpe (en "bot" de "botan" y "rebotan")

12   ¡tac - tac - tacatoc!
     ¡tac - tac - tacatoc!

De nuevo movimientos libres.

13	¡poc! - ¡poc! - ¡poc!	Con ambos dedos índice aún en forma de gancho, realizar tres golpecitos acompasados con las tres sílabas, sobre las piernas, cerca de las rodillas.
		A cada golpecito sigue un rebote y una pausa.
14	Todas ellas quietecitas, cada una	Quietud total de las manos y dedos. Sólo en "cada una", las manos se giran hasta quedarse mirando hacia abajo.
15	en su lugar	Deshacer el gesto de gancho de los dedos índice, que ahora están indicando el lugar donde quedan las bellotas. La punta está tocando el muslo.

16	Todo quieto, el viento ya no está.	Repetir el gesto de la escucha del principio. Después los mismos gestos como en el inicio del juego.
17	¡Juyyyyy-fuuuu-fuut! ¡Juyyyyy-fuuuu-fuut!	Realizar el gesto inicial del silbido del viento, como en el paso número 3.
18	Corre, corre, corre	Realizar un amplio movimiento en forma de lazos como en el paso número 4.

19 a casa	Con las palmas hacia abajo y las manos a la altura del pecho, tomar impulso para girar los brazos estirados lateralmente al cuerpo, trazando un círculo en el aire. Los brazos van de adelante hacia abajo y a continuación hacia atrás. En la zona de detrás de la espalda, suben hasta estar estirados hacia arriba y vuelven a la posición delante del cuerpo.
20 a cerrar su hogar 	(Desde esta frase a la última, "a descansar", el tórax se inclina hacia adelante.) Estirar los brazos hacia los dos lados y juntarlos en un movimiento generoso hasta cerrarlos (los brazos no se cruzan; ambas manos sólo tocan el antebrazo). Al cerrar los brazos lentamente, dilatar la "a" de "cerrar". En "su hogar" las manos tocan el pecho.
21 a descansar.	Hablar lento y con voz profunda. En "ar" de "descansar", asentir con la cabeza.

Canción del viento

Con movimiento moderado   Melodía: Wilma Ellersiek.

Esta canción se puede cantar después del juego
"El viento de otoño en el roble".

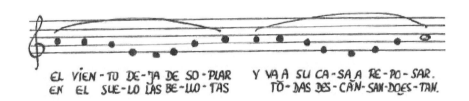

EL VIEN-TO DE-JA DE SO-PLAR   Y VA A SU CA-SA A RE-PO-SAR.
EN EL SUE-LO LAS BE-LLO-TAS   TO-DAS DES-CAN-SAN-DO ES-TAN.

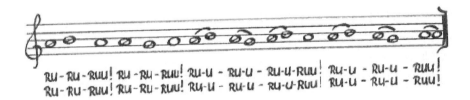

RU-RU-RUU! RU-RU-RUU! RU-U - RU-U - RU-U-RUU! RU-U - RU-U - RUU!
RU-RU-RUU! RU-RU-RUU! RU-U - RU-U - RU-U-RUU! RU-U - RU-U - RUU!

SEÑALES MUSICALES:

● = una pulsación, ⊘ = ●●,

◯ = ●●●●, ◠⊘ = ●●●●●●

⌒ = tiempo de espiración continuada

Mi farol encendido

Con aire lento (compás partido)   Melodía: Wilma Ellersiek.
Esta canción se canta sin gestos.

CON MI FA-ROL AN-DAN-DO VOY. SU CLA-RA LUZ LLE-VAN-DO ES-TOY

DE LU-GAR EN LU-GAR EN LU-GAR. SU LUZ DE-SE-A I-LU-MI-NAR,

LA OS-CU-RI-DAD, LA OS-CU-RI-DAD. AR-RI-BA BRIL-LA EL CIE-LO

ES-TE-LAR. Y YO POR EL MUN-DO VOY A LLE-VAR. LA LUZ DE

MI FA-ROL, LA LUZ DE MI FA-ROL, LA LUZ DE MI FA-ROL.

SEÑALES MUSICALES:

⊘ = una pulsación larga,   ●● = ⊘,   ♫ = ●,

○ = ⊘⊘,   ⌒⊘ = ⊘⊘⊘,

~ = alargar el sonido,   ⌒ = tiempo de espiración continuada

Direcciones

Ingrid Weidenfeld
Profesora de juegos de Wilma Ellersiek
Bodelschwinghstraße 7
70597 Stuttgart, Deutschland
Email: s.weidenfeld@t-online.de

Inés Gámez de Rus
Maestra de educación infantil
Canciones infantiles en ambiente de quinta
Cursos de canto, movimiento y música infantil
Telf. 916302449 / 628761294
E-mail: inesgamez@gmail.com
Las Rozas, Madrid, España

Asociación de Centros Educativos Waldorf de España
Apartado de Correos nº 65
28230 Las Rozas de Madrid, España
Teléfono: 629 368 521
E-mail: colegioswaldorf@telefonica.net

Editorial El Liceo
Fundación Pedagóxica Waldorf
Rúa Río Landro, 51-2º
27004 Lugo, España
Teléfono: 687 500 624
E-mail: info@escuelawaldorf-lugo.org

Waldorf Early Childhood Association of North America
285 Hungry Hollow Rd
Spring Valley, NY 10977, USA
Teléfono: 845 352 1690
E-mail: info@waldorfearlychildhood.org

www. etsy . com/people/Rusty
CD: Time ~~~~

Made in the USA
San Bernardino, CA
08 February 2015